Sabine Köth

Kinderwagen- & Tragetouren

Salzkammergut

Nationalpark Kalkalpen und

Region Pyhrn-Priel

Über 50 schöne Wanderungen und Ausflugsziele

vom Säugling bis zum Schulkind

mit Beiträgen von
Sandra Auinger
Elisabeth Göllner-Kampel
Hannah Nöhmayer
Barbara Rammer

Wir freuen uns über Rückmeldungen, Eindrücke, Hinweise an:
office@wandaverlag.at

Grafische Gestaltung, Satz und Illustrationen: Sabine Köth
Kartografie: MSc Eva Maria Haslauer, Sabine Köth

ISBN: 978-3-9502908-2-0
Kinderwagen- & Tragetouren. Salzkammergut, Nationalpark Kalkalpen &
Region Pyhrn-Priel.
Über 50 schöne Wanderungen und Ausflugsziele vom Säugling bis zum Schulkind.
Verlag: wandaverlag.at, Wanda Kampel VerlagsKG, Römerstraße 16, A-5081 Anif b. Sbg.
Auflage 2021

Fotos: von den Autorinnen, anderenfalls lt. Abbildungsverzeichnis im Anhang

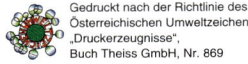
Gedruckt nach der Richtlinie des Österreichischen Umweltzeichens „Druckerzeugnisse", Buch Theiss GmbH, Nr. 869

Klimaneutral Druckprodukt
ClimatePartner.com/10944-2103-1001

Umschlagbild vorne: Blick auf den Dachstein am Weg zu den FiveFingers am Krippenstein, Köth

Die Beiträge wurden mit größter Sorgfalt zusammengestellt. Für Richtigkeit und Vollständigkeit der Angaben kann keine Gewähr übernommen werden. Die Benützung dieses Führers geschieht auf eigenes Risiko. Eine Haftung für Schäden und Unfälle wird weder von den Autorinnen noch vom Verlag übernommen. © Das Werk ist urheberrechtlich geschützt. Nachdruck und Vervielfältigung, auch auszugsweise, nur mit Genehmigung des Verlages.

Die Autorinnen

Sabine Köth (kö)
Sabine ist die Initiatorin und „Hauptautorin" des Buches. Mit ihrem ersten Kind begann sie an der ersten Auflage zu schreiben, mittlerweile ist sie vierfache Mutter und kennt die Wanderbedürfnisse der Kinder in den verschiedenen Altersstufen besonders gut. Sabine ist selbstständige Grafik-Designerin und hat „ihr" Buch gleich selbst gesetzt. Sie lebt mit ihrer Familie in der Fuschlseeregion, ist aber noch immer eine halbe Bad Ischlerin, wo ihre Familie seit Generationen beheimatet ist.

Sandra Auinger (au)
Sandra ist aus dem Almtal und kennt nicht nur dort jeden Winkel in- und auswendig. Als Obfrau des Alpenvereins in Grünau leitet sie – neben ihrem Beruf als Mittelschullehrerin – seit vielen Jahren Kindergruppen. Aber auch privat ist sie mit ihrer Familie mit Kinderwagen oder Kraxe in den Bergen unterwegs.

Hannah Nöhmayer (nö)
ist in der Atterseer Gegend aufgewachsen. Nach dem Studium hat es sie nach Linz und später ins Mühlviertel verschlagen, das Salzkammergut ist aber noch immer ihre zweite Heimat. Hannah ist Gruppenleiterin im Alpenverein und Mitautorin des Buches für den Großraum Linz. Sie ist zweifache Mutter und arbeitet im Medien- und Marketingbereich.

Barbara Rammer (br) hat uns eine Zeit lang ihre Wandererlebnisse rückgemeldet und so war die Frage, ob sie nicht als Autorin mitwirken wolle, bald logisch. Barbara wohnt in Linz, arbeitet als Ingenieurin für Anlagenbau, trainiert in ihrer Freizeit eine Kindergruppe in Leichtathletik und hat neben ihren vielen Hobbys (Japanisch lernen, Singen, Nähen …) in der Karenz das Wandern wieder entdeckt.

Wie alles begann …
Elisabeth Göllner-Kampel (gö), Herausgeberin, ist Pionierin auf dem Gebiet Kinderwagen-Wanderungen, es gab vorher weder auf Webseiten noch in Büchern Hinweise auf barrierefreie Wege. Ursprünglich als Hobby während der Karenzzeit angedacht, wurden die Bücher immer mehr und so entstand der Wandaverlag. Mittlerweile gibt es für viele Bundesländer Österreichs und Deutschlands ein Buch vom Wandaverlag.

Wir sind ein bunt zusammengewürfeltes Team aus Eltern. Uns alle verbindet die Liebe zur Natur und das Ziel, den Familienalltag zu erleichtern. Wir gehen unzählige Wege ab, um dann die optimalsten und schönsten für euch und eure lieben Kleinen zu beschreiben und wir hoffen, dass es uns mit diesem Buch wieder gelungen ist, einen wichtigen und nützlichen Begleiter für euer Familienleben, nein eigentlich für das ganze Leben verfasst zu haben. Denn jeder der hier vorgestellten Wege ist eigentlich viel zu schön, um ihn nur einmal zu gehen :).

Wunderschöne Stunden in der Natur wünscht euch
das Wanda-Team

Inhaltsangabe

Überblickstabelle Wanderungen	6
Zum Gebrauch des Wanderführers	14
Sicherung	15
Abkürzungen / Legende	19
I. Mondsee, Wolfgangsee, Irrsee	20
II. Attersee	39
III. Traunsee / Almtal	61
IV. Pyhrn / Kalkalpen	87
V. Inneres Salzkammergut	115
VI. Kapitel Ausseerland	155
Kleine Wandertrickkiste	176
Sternerläuterungen	179
Zur Ausrüstung	184
Alphabetisches Register, Fotospenden	190
Übersichtskarte	siehe Umschlag

Abenteuer Natur
Salzkammergut

ISBN: 978-3-902939-10-4

Unser Fortsetzungsbuch mit spannenden Ausflügen, Wanderungen und Bergtouren für die ganze Familie

wandaverlag.at

Überblick der Wanderungen

I.	Mondsee, Irrsee, Wolfgangsee	Char.	Dauer 1h 2h	Anf.	Seite
1.	Illinger Alm	⛰	▬▬▬	🔴	22
2.	Zinkenbach	↔	▬	🟡🔴	25
3.	Schwarzensee	↻	▬▬▬	🟡	29
4.	Jausenst. Aschinger	🏠	▬	🔵	31
5.	Helenweg	↔	▬	🟡	33
6.	Irrsee Hochserner	↔	▬	🔵	35
7.	Lebensroas	🔍	▬	🔵	37

II.	Attersee	Char.	Dauer 1h 2h	Anf.	Seite
8.	Gläsernes Tal	🔍	▬	🔵	40
9.	Keltenbaumweg	🔍	▬	🔵	43
10.	Gleißnerweg	↔	▬▬▬	🔵	47
11.	Födinger Alm	⛰	▬▬	🟡	50
12.	Kienklause (von Seefeld)	↔	▬▬	🟡	52
13.	Kirchenweg in Steinbach	↔	▬▬	🟡	54
14.	Nixenfall	↔	▬	🔵	56
15.	Viktor-Kaplan Weg	↔	▬	🔵	58

Bus/Bahn	Schatten	🧒	👧	⛄	2–3 Jahre	4–6 Jahre	Sterne
	◐				x	x	★★
x	◐	x			x	x	★★
	◐	x	x		x	x	★★★
x	◐		x		x	x	
x	◐		x		x	x	★★
	◐		x	x	x	x	★★
	◐				x	x	★★★

Bus/Bahn	Schatten	🧒	👧	⛄	2–3 Jahre	4–6 Jahre	Sterne
	◐	x			x	x	★★★
x	◐				x	x	★★★
x	◐	x			x	x	★★★
	◐			x			★★
x	●	x	x				★
x	○	x		x	x	x	★
x	●				x	x	★★
x	◐		x		x	x	★

wandaverlag.at

III.	Traunsee / Almtal	Char.	Dauer 1h 2h	Anf.	Seite
16.	Hongar	⛰	▬	🔴	62
17.	Toscana Park – Schloss Orth	↔	▬	🟡	64
18.	Laudachsee	⛰	▬▬	🔵🔴	67
19.	Hochsteinalm	⛰	▬▬	🔴	70
20.	Langbathseen	↻	▬▬	🟡🔵	72
21.	Offensee	↻	▬▬		75
22.	Flößerweg im Almtal	↔	▬	🟡	77
23.	Hochberghaus/Kasbergalm	👨‍👦🏠	▬▬▬	🟡🔴	80
24.	Almsee-Ostufer Weg	↔	▬▬	🟡	82
25.	Ödseen im Almtal	↔	▬▬	🔵🔴	84

IV.	Region Phyrn-Priel / Nationalpark Kalkalpen	Char.	Dauer 1h 2h	Anf.	Seite
26.	Steyr-Ursprung, Flötzersteig	👨‍👦🏠	▬▬	🔵	88
27.	Schiederweiher	↻	▬	🟡	91
28.	Schafferteich	↻	▬	🔵	94
29.	Pießling-Ursprung	🔍	▬	🔵	96
30.	Gleinkersee	↻	▬	🟡	98
31.	Villa Sonnwend / Veichtltal	↔		🟡	100
32.	Hengstpass Almenrundweg	⛰	▬▬	🔵	102
33.	Schüttbauernalm	👨‍👦🏠		🟡	105

Bus/Bahn	Schatten	🧒📖	🧒☂	⛄	2–3 Jahre	←6 Jahre	Sterne
	◐			x	x	x	★★
x	◔		x	x	x	x	★★
x	◑	x			x	x	★★★
	◐			x	x	x	★★
	◐	x			x	x	★★★
	◐	x		x	x	x	★★
x	◐	x	x	x	x	x	★★
	◐				x	x	
x	◑	x	x		x	x	★★★
x	◐	x			x	x	★★

Bus/Bahn	Schatten	🧒📖	🧒☂	⛄	2–3 Jahre	←6 Jahre	Sterne
x	◐	x			x	x	
x	◐		x		x	x	★★★
x	◐	x			x	x	★
x	◐	x	x	x	x	x	★★
	◐	x	x		x	x	★★★
	○			x			★
x	◐	x				x	★★★
	◐				x	x	

IV.	IV. Region Phyrn-Priel / Nationalpark Kalkalpen	Char.	Dauer 1h 2h	Anf.	Seite
34.	Stefansbergalm u. Barfußweg			●	107
35.	Bosruckhütte/Ochsenwaldalm			●	109
36.	Wurzer Alm/Brunnsteinersee			●	112

V.	Inneres Salzkammergut	Char.	Dauer 1h 2h	Anf.	Seite
37.	Kalvarienberg Bad Ischl			●●	116
38.	Esplanade/Sisipark			●●	119
39.	Rund um den Jainzen			●	122
40.	Rettenbachalm			●	126
41.	Goiserer Sagenweg			●	129
42.	Hütteneck und Halleralm			●●	132
43.	Hallstättersee-Ostufer Weg			●●	135
44.	Gosausee			●	141
45.	Zwieselalm			●	143
46.	Heilbronnerweg, 5Fingers			●●	144
47.	Koppenwinkel			●	149
48.	Koppental Wanderweg			●	152

Bus/Bahn	Schatten	👦	👧	⛄	2–3 Jahre	4–6 Jahre	Sterne
	◐				x	x	★★
	◐				x	x	
x	◐	x				x	★★★

Bus/Bahn	Schatten	👦	👧	⛄	2–3 Jahre	4–6 Jahre	Sterne
	◐●		x		x	x	★
x	◐	x	x		x	x	★
x	◐				x	x	★★★
	○	x	x		x	x	★★★
	◐			x	x	x	★★★
	◐			x	x	x	★★
x	◐	x	x			x	★★
x	◐	x				x	★★★
x	○	x			x	x	★★
	○	x			x	x	★★★
	◐		x		x	x	★
x	●		x		x	x	★★

VI.	Ausseerland	Char.	Dauer 1h 2h	Anf.	Seite
49.	Ruine Pflindsberg	↔	▬	🟡	156
50.	Altaussersee	↻	▬▬▬▬	🟡	159
51.	Blaa-Alm	👪🏠	▬▬	🔵	163
52.	Toplitzsee	↻	▬	🟡	166
53.	Steirischer Ödensee	↻	▬	🟡	170
54.	Tauplitz Hochplateau	⛰	▬▬	🔵	172

Zeichenerklärung der Inhaltsangabe

Charakteristik (Char.):
↻   Rundweg
⛰   Alm / Bergtour
↔   Spazierweg – gleicher Rück- wie Hinweg
🔍   Themen- oder Erlebnisweg
👪🏠   Ausflugsziel

▬▬▬▬ Balken für Dauer:
An der Länge der Balken kannst du erkennen, wie lange die Wanderung für eine Strecke ungefähr dauert. Bei Rundwegen wird die Gehzeit für den gesamten Weg angezeichnet. Die hellgrauen Balken zeigen an, ob und mit welchem Zeitaufwand die Wanderung verlängert werden kann. Näheres in der jeweiligen Wegbeschreibung.

Anforderung (Anf.):
🟡 Leicht   🔵 Mittel   🔴 Schwer   ⚫ Anspruchsvoll

Näheres zu Anforderung im nächsten Kapitel „Zum Gebrauch des Wanderführers" unter „Anforderung".

Bus/Bahn	Schatten	👧	👦	☃	2–3 Jahre	4–6 Jahre	Sterne
	◐			x	x	x	★★
x	◐	x			x	x	★★★
x	◐			x	x	x	
x	●	x	x		x	x	★★★
x	◐	x	x		x	x	★★★
x	○			x			★★

Schatten:
Die dunklen Kreise in der Übersicht zeigen an, in welchem Ausmaß der Weg schattig ist:
○ auf der gesamten Route ist kein Schatten
◐ der Weg liegt nur zu einem Viertel im Schatten
◑ die Hälfte der Wegstrecke ist schattig
◕ der Großteil der Strecke liegt im Schatten oder auch lichtem Wald
● der gesamte Weg liegt im Schatten

★★★ Sterne
Die Bedeutung der Sterne und warum eine Wanderung mehr oder weniger Sterne erhalten hat, wird im Anhang dargelegt. Ausflugsziele sind ohne ★ angegeben.

x geben an, ob man dieser Strecke eine Möglichkeit zum Baden bzw. Plantschen hat oder ob sie auch bei Regen oder im Winter geeignet ist.

Zum Gebrauch des Wanderführers:
Erklärung zum Hauptteil (Wanderungen):

Anforderung:
In der Anforderung beschreiben wir die Wegbeschaffenheit und die Steigung.

Die Farbe gelb ist der üblichen Kategorisierung der Wanderwelt vorangestellt, denn was zu Fuß als leicht eingestuft werden würde, ist mit dem Kinderwagen oft bereits mittelschwierig.

Gelb = leicht mit dem Kinderwagen. Die Wegbeschaffenheit ist gut (asphaltiert oder Kiesweg oder guter Schotterweg) und die Steigung gering. Es ist kein geländegängiger Kinderwagen notwendig, meist auch „Buggy-geeignet".

Blau = mittelschwierig mit dem Kinderwagen, jedoch meist leicht zu Fuß. Die Wegbeschaffenheit ist noch immer gut, meist Schotterwege, es kann jedoch holprige Teilabschnitte geben oder einige wenige Stufen. Die Steigung ist mäßig bzw. nur kurz steil. Ein geländegängiger Kinderwagen wird empfohlen.

Rot = schwirig mit dem Kinderwagen, jedoch meist mittelschwer zu Fuß. Die Wegbeschaffenheit ist teilweise schlecht oder ausgewaschen. Die Steigung ist mit dem Kinderwagen kräfteraubend. Ein geländegängiger Kinderwagen ist unumgänglich.

Schwarz = kommt in unserem Wanderführer nicht vor, denn was in der Wander- oder Schiwelt als schwarz eingestuft wird, ist mit dem Kinderwagen aber auch mit einer Kraxe unmöglich zu gehen.

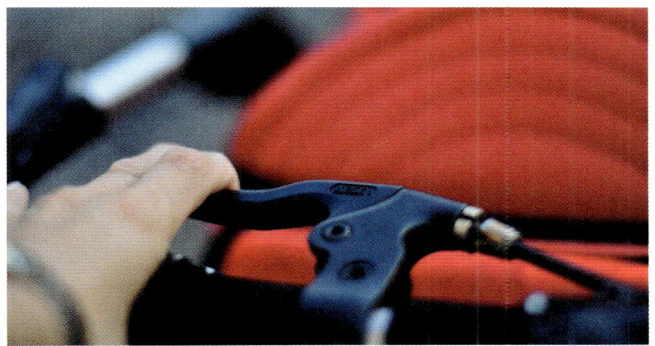

Sicherung:
Es ist immer ganz gut, eine Bandschlinge (Sicherungsband) dabei zu haben. Z.B. beim Abwärtsgehen auf einer Schotterstraße ist es beruhigend, wenn der Kinderwagen damit am eigenen Gürtel gesichert ist. Nur für den Fall, dass man ausrutscht.

Wir möchten auch dringend darum bitten, niemals den Kinderwagen mit Baby an Bord allein an abschüssiger Strecke – selbst mit angezogener Bremse – stehen zu lassen. Gerade vor einigen Jahren passierte der ungemein tragische Fall, dass ein Kinderwagen, bei dem sich die Bremse gelöst hatte, in den nahen Bach rollte.

Im Zweifelsfall, wenn das Baby am Rastplatz schläft, eventuell zusätzlich mit Sicherungsstrickerl sichern.

Aus unserer eigenen Erfahrung wissen wir, dass sich der Stress mit zwei oder mehreren Kindern ziemlich erhöht, wenn man unterwegs ist: Ein Kind geht schon, das andere liegt noch im Wagerl. Auch wenn es pädagogisch nicht modern ist, haben wir die Erfahrung gemacht, dass auch hier ein Sicherungsstrickerl für das gehende Kind praktisch ist, wenn man z.B. abschüssige Stellen passiert oder an einer befahrenen Straße geht.

Dauer:
Die Dauer bezieht sich immer auf die reine Gehzeit für eine Strecke, ohne Pausen, bis zum Ziel. Bei Rundwegen (RW) wird die Gesamtdauer des RW angegeben. Mit dem Kinderwagen ist man meist langsamer unterwegs, deshalb sind die Gehzeiten, gerade bei Steigungen und schlechter Bodenbeschaffenheit großzügig bemessen.

Wetter:

 Mit normalem oder klassischem Wanderwetter ist trockenes, aber nicht zu heißes Wetter gemeint.

 Wege, die durch Bäume geschützt sind, die nicht zu lange sind und bei denen ein Gasthaus in der Nähe ist, empfehlen wir auch für regnerisches Wetter. Damit ist Nieselwetter gemeint, nicht jedoch, wenn es schüttet oder stürmt.

 Wege, die von Schnee geräumt werden oder wo der Schnee gepresst wird, empfehlen wir auch für den Winter.

 Dieses Zeichen verwenden wir, wenn es am Weg die Möglichkeit zum Plantschen gibt. Das muss nicht unbedingt ein Strandbad, sondern kann auch ein Bacherl sein.

Wanderwert für Kinder:
2–3 Jahre: Hier kann nachgelesen werden, welche Attraktionen auf Kleinkinder warten, ob und inwiefern sich die Wanderung auch für diese Altersgruppe eignet. Unter Attraktionen verstehen wir auch Brunnen, Bacherl zum Plantschen, Tiere zum Bestaunen etc.
4–6 Jahre: Hier wird angegeben ob und inwiefern sich die Wanderung auch für diese Altersgruppe eignet.

Kinderfahrrad:
Für fast alle unserer Radwege ist es notwendig, dass die Kinder auf Schotterwegen fahren und auch leichte bis mittlere Steigungen bewältigen können. Bitte immer die Wegbeschaffenheit unter Anforderung nachlesen. Für Stützräder sind nur asphaltierte Wege geeignet.

Bus/Bahn:
Leider sind viele Wege – gerade im ländlichen Bereich – nur umständlich oder nur mit langen Gehzeiten mit öffentlichen Verkehrsmitteln zu erreichen. In diesem Fall haben wir von einer Angabe abgesehen. Auskunft: www.postbus.at oder fahrplan.oebb.at, Oberösterreich: www.ooevv.at; Steiermark: www.verbundlinie.at und Salzburg: fahrplan.salzburg-verkehr.at.

Ausgangspunkt (AP)/Parkmöglichkeit:
Von hier aus startet die Beschreibung der Wanderung.

Infos/Gaststätten:
Hier werden die Gaststätten am Ziel, manchmal auch jene zu Beginn oder am Wegrand der Wanderung angeführt. Wenn weitere Informationen zielführend sind, wurden auch die Telefonnummern der Fremdenverkehrsvereine (TV), sonstige Informationsstellen oder interessante Websites, Bücher etc. angegeben.

Wegbeschreibung:
Da mit dem Kinderwagen ohnehin größtenteils nur gut ausgebaute Wege möglich sind, sind die meisten Wege gut zu finden. Wir haben versucht, so genau zu beschreiben, dass eine Wanderkarte nicht notwendig ist, gleichzeitig aber auch so kurz wie möglich. Zum besseren Verständnis werden bei schwierigeren Wegführungen auch Skizzen beigefügt. Die Wege sind auch in einschlägigen Wanderkarten zu finden und meist gut beschildert.

Skizzen/Kartografie:
Die Skizzen sollen einer groben Orientierung dienen. Sie sind keine millimetergenaue Abbildung der Realität. Wir haben nur jene Straßen, Wege und markanten Punkte eingezeichnet, die uns für die Wegfindung wichtig erschienen sind. Die rote Linie kennzeichnet den beschriebenen Wanderweg. Strichlierte Linien weisen auf Verlängerungen oder andere Varianten hin. Alle Karten sind nach Norden ausgerichtet.

Hinweise zum Fahren mit der Gondel:
Gondelfahrten und Fahrten auf Passstraßen verursachen immer Druckunterschiede im Ohr. Eine Möglichkeit für Babys damit klarzukommen ist, während der Auffahrt in kurzen Abständen etwas zu trinken (oder am Schnuller zu nuckeln). Bei älteren Kindern hilft auch Kaugummi kauen oder Gähnen. Mit Kindern, die Höhenlagen nicht mögen, muss man ohnehin von solchen Fahrten absehen.

 Tragetouren: Grundsätzlich sind alle der angegebenen Wege mit Trage möglich. Zur Entscheidungshilfe bitte die Dauer und Anforderung nachlesen.

Legende

AP	Ausgangspunkt
Bhf.	Bahnhof
ganzj.	ganzjährig
geöff.	geöffnet
geschl.	geschlossen
Ghf.	Gasthof, Gasthaus
Hst.	Haltestelle
Info	Information
max.	maximal
P	Parkplatz
RW	Rundweg
S1	S-Bahn S1
tgl.	täglich
teilw.	teilweise
u.v.m.	Und vieles mehr
u.a.	Unten angeführt
Var. 1	Variante
zw.	zwischen

- Gasthof, Café, Alm etc.
- interessante Orte
- Bahnhof, Haltestelle
- Parkplatz
- Spielplatz
- Kirche, Marterl, Friedhof
- markantes Haus, Gebäude oder Stadl
- Schranken
- Bade- oder Plantschplatz
- AP Ausgangspunkt
- Wanderweg
- - - Verlängerung

wandaverlag.at

Was ist FAIRTRADE?

FAIRTRADE ist ein Verein zur Förderung des FAIREN Handels mit dem Süden. Nur wer sich an die strengen Auflagen hält, darf das FAIRTRADE-Siegel verwenden. Mitglieder des Vereins sind u.a.: Caritas, Katholische Jugendschaft, Evangelische Jugend, Grüne Bildungswerkstatt, Österr. Hochschülerschaft, PfadfinderInnen Österreichs, WWF-World Wide Fund for Nature und viele mehr.

WOFÜR STEHT DIESES FAIRTRADE-SIEGEL?

- Direkter Handel mit den ProduzentInnen und KleinbäuerInnen unter Ausschaltung der lokalen ZwischenhändlerInnen
- Dadurch FAIRE Preise für die ProduzentInnen & kontrollierter Warenfluss nach Europa
- Prämie für soziale & ökologische Entwicklung
- Gesetzliche Mindestlöhne & arbeitsrechtliche Mindeststandards
- Verbot von Kinderarbeit und sklavenähnlicher Zwangsarbeit
- Naturnahe & nachhaltige Anbaumethoden sowie Schutz des Regenwaldes
- Schutz natürlicher Gewässer & des Trinkwassers

Fairtrade
W.: www.fairtrade.net
W.: www.fairtrade.de
W.: www.fairtrade.at

I. Irrsee, Mondsee, Wolfgangsee

Irrsee, Mondsee, St. Gilgen, Strobl, St. Wolfgang

 Ein Blick hinter die Kulissen auf: wandaverlagtoptouren

1 Illingeralm
Höhe: 1193–1371 m

Zum Konditionaufbauen und für eine Dosis Bergluft lässt sich auf dem Hochplateau unterhalb des Zwölferhorns ein schöner Nachmittag oder Vormittag verbringen. Die Illingeralmhütte ist der Ausgangspunkt und Endpunkt der anspruchsvollen und ausgiebigen Runde. Seit 2009 ist aufgrund des Ausbaus der Forststraße eine Ausweitung der Tour zum Zwölferhorn möglich. An dieser Stelle möchten wir auch auf unsere Wanderbücher aus dem Salzburger Land verweisen, in denen weitere Touren in dem Gebiet Zwölferhorn zu finden sind. Die Wanderung führt über offenes Gelände, daher auf Sonnenschutz und Picknickdecke nicht vergessen. Wie immer in Höhenlagen wärmende Kleidung für die Winzlinge mitnehmen. Hinweis: 6 Euro in Münzen für die Maut einstecken.

Wetter:	Anforderung:	Dauer: 2 h

Anforderung:	Schwer mit dem Kinderwagen, mittel für all jene, die zu Fuß und mit Trage unterwegs sind. Ständige mittlere bis starke Steigungen. Holprige, aber breite Forstwege. Kinderwagen sichern!
Dauer:	RW 4,5 km, 2 Std.
Wetter:	Klassisches Wanderwetter.

Wolfgangsee, Mondsee, Irrsee

Wanderwert für (Geschwister-) Kinder:	
2–3 Jahre:	Wir empfehlen, in diesem Alter die Illingeralmhütte als Ausflugsziel zu nehmen und ein wenig herumzustreunen. Es gibt eine riesige Sandkiste, weidende Kühe, Ziegen und gackernde Hühner.
4–6 Jahre:	Siehe 2–3 Jahre; die gesamte Runde ist nur für sehr gehfreudige Kinder geeignet – unsere Buben waren am Abend schön müde und ausgeglichen :) Anmerkung: Vom Plateau der Illingeralm kann man auch bis zum Zwölferhorn weiterwandern (beschildert, mittlere Steigung). Wenn ihr zu zweit seid, bietet es sich an, dass eine/r mit dem Auto zur Talstation des Zwölferhorns fährt und die Wanderer abholt. Nicht Kinderwagentauglich!.
Kinderfahrrad:	Nicht geeignet, da der Weg zu steil ist.

Navi: 5342 Gschwand, Brunn12. Mautstraße bis zur Alm.
Anfahrt: *Von Linz A1 Abfahrt Mondsee Richtung St. Gilgen, Strobl.
Nach St. Gilgen: siehe alle Richtungen
*Von Sbg. B158 Richtung St. Gilgen, Strobl. Nach St. Gilgen: siehe alle Richtungen
*Von Stmk. B145 Richtung Bad Aussee, Bad Ischl. B158 Richtung Salzburg.
Nach Strobl: siehe alle Richtungen
⌂ alle Richtungen: Zw. Schwand und Gschwendt Ausschau halten nach dem Wegweiser Brunn. Abfahren, und in Brunn Ausschau halten nach dem unscheinbaren Wegweiser zur Illingerberg Alm. Beim kleinen Schranken 6 € Maut (Keingeld kann bei den Häusern beim Schranken gewechselt werden). Die schmale Straße erfordert Bergerfahrung und führt in ca. 7,5 km hinauf bis zur Jausenstation.
Bus/Bahn: Keine.
Ausgangspunkt/P: Parkplatz bei der Hütte Illingerberg Alm
Infos/Gaststätten: *Illingeralmhütte, große Sandkiste, Ziegen, Hühner, selbstgem. Mehlspeisen, sonniger Gastgarten, www.illingerbergalmhuette.at, Tel. +43 644 4184280, Mai–Ende Okt. *Zwölferhornbahn, neue Gondeln seit 2020, Talfahrt Erw. €18,-, Kinder €10,-, www.12erhorn.at

Wolfgangsee, Mondsee, Irrsee

Wegbeschreibung Illinger Alm-Runde:
Vom Ausgangspunkt die Straße weiter wandern. Es geht in Serpentinen bergauf, den Wegweisern Illinger Alm-Runde folgend. Im lichten Wald, bei der Weggabelung (beide mit Illinger Alm-Runde beschildert, links ist Schranken) RECHTS halten. Später lichtet sich der Wald und heraus kommt man bei einem „Almdorf".

Nach Passieren der Hütten bei der Gabelung beim Hüttenzaun links halten, dem Schild „Illinger Alm-Runde leichte Variante" folgen und beim Schranken durchgehen. Nun geht's wieder steiler bergauf. Oben angekommen, hat man ein Almplateau erreicht und ca. die Hälfte des Weges bewältigt. Es geht eine Weile relativ eben über das Plateau, mit vielen Pferden und Kühen. Hier empfehlen wir, ein nettes Platzerl zum Jausnen und Rasten zu suchen. Hier ist auch ein guter Umkehrpunkt, da die Hälfte des Weges erreicht ist. Für den Weiterweg: Bei der nächsten Weggabelung ist es etwas verwirrend, weil die Alm-Runden-Schilder in alle Richtungen weisen. Hier ganz links halten und ab nun dem roten Punkt Illinger Alm-Runde, GH Illingeralm folgen. Der weitere Weg für die Runde wird holpriger, geht aber ab nun bergab. Das letzte Viertel des Weges ist landschaftlich weniger schön.

Höhenprofil:

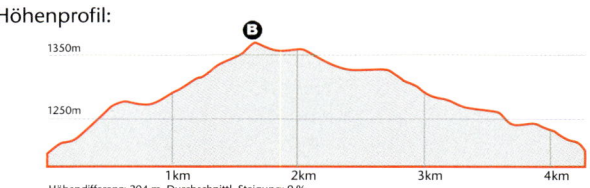

Höhendifferenz: 204 m, Durchschnittl. Steigung: 9 %

2 Entlang des Zinkenbaches bei Abersee

Höhe: ca. 1230 m

kö

Der Zinkenbach ist eine beliebte Badealternative zum Wolfgangsee. Immer wieder gibt es idyllische Schotterbänke und Tümpel in der Klamm, in denen ein paar Tempi geschwommen werden können. Die Forststraße windet sich anfangs ohne Steigungen durch die Klamm und führt nach einem Steilstück über eine sonnige Wiese zu einem idyllischen Bankerl und etwas später tut sich ein herrlicher Blick auf den Wolfgangsee auf. Der Rundweg wird mit dem Kinderwagen fast „grenzwertig". Wir haben ihn zwar dokumentiert, empfehlen aber den gleichen Rück- wie Hinweg bis zum idyllischen Bankerl.

| Wetter: | Anforderung: | Dauer: 1 h |

Anforderung:	Leicht und flach in der Klamm; im zweiten Teil mittel bis schweres Steilstück; Forststraße. Rundweg: Schwer; nur für geübte und kräftige KinderwagenschieberInnen, geländegängiger Kinderwagen und Schuhe mit gutem Profil unbedingt notwendig.
Dauer:	2,3 km, ¾–1 Std. eine Strecke; davon 1,2 km entlang des Baches, 1 km Steilstück bis zum Bankerl. RW: zusätzlich 3 km, 1 Std..
Wetter:	Jedes Wanderwetter; ideal zum Plantschen im Sommer.

Wolfgangsee, Mondsee, Irrsee

Wanderwert für (Geschwister-) Kinder:	
2–3 Jahre:	Wir empfehlen, in diesem Alter nur entlang des Zinkenbaches bis zum Steilstück zu wandern. Die Tümpel und Sandbänke laden zum Baden, Pritscheln, Steinewerfen und Türmebauen ein. Achtung, es gibt Passagen, bei denen es steil zum Bach hinunter geht. Wir raten hier, die Kinder an der Hand zu führen. Es folgen immer wieder seichte Zugangsstellen zum Bach.
4–6 Jahre:	Siehe 2–3 Jahre; das Terrain am Wildbach ist lustig für kleine Forscher. Das Arboretum beim Parkplatz ist eine nett angelegte Walderfahrungswelt. Auf eher offenem und nicht all zu großem Gelände erfahren Kinder Wissenswertes über 66 Baumarten sowie einheimische Tiere und Pflanzen (die Bäume sind noch ziemlich klein). Für gehfreudige Kinder ist die Wegverlängerung entlang des Waldrandes sehr nett und eine richtige Wanderrunde.
Kinderfahrrad:	Nicht geeignet.

Navi: 5342 Gschwand, Zinkenbachstraße 2
Anfahrt: *Von Linz A1 Abfahrt Mondsee Richtung St. Gilgen, Strobl. Nach St. Gilgen: siehe alle Richtungen
*Von Sbg. B158 Richtung St. Gilgen, Strobl. Nach St. Gilgen: siehe alle Richtungen
*Von Stmk. B145 Richtung Bad Aussee, Bad Ischl. B158 Richtung Salzburg. Nach Strobl: siehe alle Richtungen
🚗 alle Richtungen: Zwischen Schwand und Gschwendt Ausschau halten nach den Wegweisern zum Arboretum. Nach der Abfahrt rechts der Beschilderung „Arboretum" folgen. Nach ½ km rechts dem Straßenverlauf folgen. Nach der Brücke liegt links der Parkplatz zum Arboretum.
Bus/Bahn: Von Sbg. Bus 150 bis Hst. St. Gilgen Abersee. 8 Min. Fußweg: von der Bundesstraße rechts abgehen, rechts auf Seestraße Richtung „Arboretum". Nach **362 m** rechts auf Zinkenbachstraße bis P „Arboretum".

Ausgangspunkt/P: Parkplatz

Infos/Gaststätten: Keine Gaststätten am Weg, nur beim Ausgangspunkt (Verpflegung mitnehmen). *Ghf. Zinkenbachmühle, im Ort am Ende der Wanderung, Tel. +43 6227 3415, www.zinkenbachmuehle.at. *www.wolfgangsee.at-Arboretum.

Wolfgangsee, Mondsee, Irrsee

Wegbeschreibung Zinkenbach:

Rechts neben dem Parkplatz zum Arboretum weisen mehrere Wegweiser auf verschiedene Wanderwege hin. Dem Schild „Vitz am Berg" folgen. Bald kommt man zum Zinkenbach und die Straße wird zur Forststraße. Nach zwei Brücken wandert man links entlang des Baches flussaufwärts. **Ⓐ** Nach ca. 1,2 km kommt die nächste Weggabelung. Es ist die letzte Möglichkeit, um zum Bach hinunter zu gelangen und daher ein guter Umkehrpunkt, denn ab jetzt geht es steil bergauf. Für den Weiterweg bei den nächsten zwei Weggabelungen weiterhin der Beschilderung „Vitz am Berg" folgen. Kommentar unserer Oma: „Na, do aufi geh i nimma!". **Ⓑ** Oben bei der Wiese angelangt, steht ein idyllisch gelegenes Bankerl mit schönem Blick auf den Sparber und die Bleckwand. Das ist der Umkehrpunkt der Wanderung. Gleicher Rück- wie Hinweg. Wer noch einen raschen Blick auf den Wolfgangsee werfen möchte, muss noch ca. 200 m weiter. Nach dem Bauernhof bei der Mautstelle kann man gut hinunter schauen.

Wolfgangsee, Mondsee, Irrsee

Wegverlängerung – Rundweg:
(Achtung: schwierig!)
Den Weg als Rundweg zu gehen empfehlen wir wirklich nur „hartgesottenen KinderwagenschieberInnen". Es geht vorbei an einem Bauernhof mit einem wunderschönem Blick auf den Wolfgangsee. Die asphaltierte Straße ca 500 m bergab wandern, bis nach links ein Wegweiser zum Aberseerundweg zeigt ❸. Diesen Teil der Strecke haben unsere Jungs geliebt. Wie in einer Rallyebahn schlängelt sich der Weg horizontal und vertikal am Waldrand entlang. Mit dem Kinderwagen auch dementsprechend schwierig, eng, holprig und rutschig. ❹ Der Weg mündet bei einer Schottergrube in eine Zufahrtsstraße. Diese weitergehen, bei der nächsten Straße links halten (Wegweiser Zinkenbachrundweg) und über die Brücke zum Ausgangspunkt.

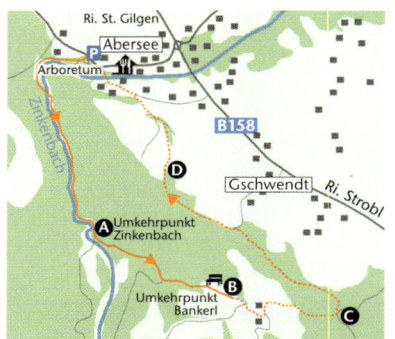

Höhendifferenz: 168 m, Max.Steigung: 20%, Durchsch.Steigung: 7%

3 RW Schwarzensee

kö

Beim Rundweg um den See kann man die Natur genießen, die Gegend ist schön und der Weg gemütlich und schattig. Die Gaststätten sind typisch für die Region, voll ausgestattet und für alles gerüstet, inkl. internationaler Speisekarte samt „Apfel-Schorle" ;-). Im Hochsommer durchaus eine Alternative zu den überfüllten Badeseen, aber auch bei Nieselwetter sehr gut geeignet.

Wetter: 	Anforderung:	Dauer: 1½ h
Anforderung:	Leicht; keine Steigungen bis auf die letzten 10 Min; Asphalt-, Forst- und Schotterweg.	
Dauer:	RW 4 km, 1,5 Std.	
Wetter:	Fast jedes Wetter, auch an heißen Tagen und bei Nieselwetter idyllisch und geschützt.	

Wanderwert für (Geschwister-) Kinder:	
2–3 Jahre:	Sehr gute Laufrad-Strecke; in diesem Alter empfehlen wir, gegen den Uhrzeigersinn bis zu den Einkehrmöglichkeiten zu gehen, es gibt immer wieder Möglichkeiten, zum See zu gelangen.

Wolfgangsee, Mondsee, Irrsee

4–6 Jahre:	Siehe 2–3 Jahre; am rechten Ufer gibt es Wegerl zum See, abenteuerliche Platzerl mit großen Steinen und Felsen zum Klettern. Im hinteren Bereich des Sees kann man auf Ottern und Schlangen treffen. Also aufpassen und die Kinder nicht unter jeden Stein stochern lassen.
Kinderfahrrad:	Eigentlich ideale Laufradstrecke (☞Anforderung), nur zum Schluss geht es 10–15 Min. bergauf bis zum Parkplatz, hier muss den Kleinen geholfen werden.

Navi: 5360 St. Wolfgang, Rußbach
Anfahrt: *Von Linz A1 Abfahrt Mondsee Richtung St. Gilgen, Strobl. Weiter: siehe alle Richtungen
*Von Sbg. B158 Richtung St. Gilgen, Strobl. Weiter: siehe alle Richtungen
*Von Stmk. B145 Richtung Bad Aussee, Bad Ischl. B158 Richtung Salzburg, Strobl. Weiter: siehe alle Richtungen
⌂ alle Richtungen: Abfahrt Strobl Ost – nach Abfahrt links und gleich wieder rechts (Grünes Schild „Schwarzensee"). Nach ca. 1½ km links nach der Abzweigung „Schwarzensee" Ausschau halten. Nach ca. 5–6 km P Schwarzensee (Parkgebühr).
Ausgangspunkt/P: Gebührenpflichtiger Parkplatz beim Schwarzensee.
Infos/Gaststätten: *Almstadl, offener Kamin, zur Gastgarten-Terrasse nur über Stufen, Tel. +43 664 2664498, www.almstadl-schwarzensee.at, Ende April bis 2.11. *Wirtshaus „Zur Lore", die Wirtin gehört zum Schwarzensee, wie das Weiße Rössl zum Wolfgangsee, kl. Spielbereich, schattiger Gastgarten „im Schilderwald", Tel. +43 664 8762515, www.schwarzensee.at, geöff. von 1.4. - 26.10..

Wegbeschreibung Schwarzensee:
Wir empfehlen, die Runde gegen den Uhrzeigersinn zu gehen, da man dadurch am Ende der Wanderung einkehren kann. Der Start erfolgt auf einer asphaltierten Straße, die unmerklich bergab führt. Der Weg führt gut beschildert um den See. Nach den Gasthäusern geht es steil bis zum Parkplatz beim Ausgangspunkt.

4 Ausflugsziel Jausenstation Aschinger

Aufgrund der Kürze haben wir diese Wanderung in die Kategorie Ausflugsziele eingereiht. Optimal auch für den späteren Nachmittag zum Ausspannen oder Tag ausklingen lassen. Oben bietet sich ein herrlicher Ausblick, die Jausenstation ist absolut empfehlenswert, es gibt einen netten, gut ausgestatteten Spielplatz mit vielen Kinderfahrzeugen und natürlich einen Holztrogbrunnen zum Pritscheln. Ja, und dann fährt da auch noch die Schafbergbahn regelmäßig vorbei.

Wetter: 	Anforderung:	Dauer: ½ h

Anforderung:	Mittel; mittlere, stetige Steigung auf asphaltiertem Weg.
Dauer:	1 km, Aufstieg ca. 20 Min. aufgrund der Steigung.
Wetter:	Jedes Wanderwetter, auch bei Nieselwetter geöffnet, offenes Gelände, kein Schatten. Ev. windig.

Wolfgangsee, Mondsee, Irrsee

Wanderwert für (Geschwister-) Kinder:	
2–3 Jahre:	Brunnen (Ersatzgewand!), große Sandkiste, Schaukel, Rutsche, Kinderfahrzeuge.
4–6 Jahre:	Für die Großen sind die Seilschaukel und die Trampoline spannend, sowie die in der Sommersaison vorbeifahrende Schafbergbahn.
Kinderfahrrad:	Nicht geeignet.

Navi: 5360 St. Gilgen, Ried 15
Anfahrt: *Von Linz A1 Abfahrt Mondsee Richtung St. Gilgen, Strobl. Weiter: siehe alle Richtungen
*Von Sbg. B158 Richtung St. Gilgen, Strobl. Weiter: siehe alle Richtungen
*Von Stmk. B145 Richtung Bad Aussee, Bad Ischl. B158 Richtung Salzburg, Strobl. Weiter: siehe alle Richtungen
🚗 alle Richtungen: Abfahrt Strobl Ost, weiter Richtung St. Wolfgang. Durch den Tunnel in St. Wolfgang. Danach kommt zuerst eine Rechtskurve und danach in der Linkskurve nach rechts abbiegen. Geradeaus weiter über die Geleise der Schafbergbahn, vorbei am Hotel Försterhof und dann die erste kleine Straße nach rechts abbiegen (Schild Schafbergbahnweg). Sobald der Weg nach links abbiegt, sieht man die Geleise der Schafbergbahn wieder. Auf diesem Platz kann das Auto geparkt werden.
Bus/Bahn: Von Sbg. Bus 150 bis Strobl Busbahnhof. Umsteigen Bus 546 bis Hst. St. Wolfgang Markt. 16 Min. Fußweg: Auf Michael-Pacher-Str. weiter in den Ort hineinwandern. Auf Pilgerstraße links und nach 168 m rechts auf Sternallee, die Schienen überqueren, vorbei beim Gh. Försterhof und die nächste Straße rechts bis zur Kurve wo man die Schienen der Schafbergbahn sieht.

Ausgangspunkt/P: Parkplatz lt. Anfahrtsbeschreibung

Infos/Gaststätten: *Jausenstation Aschinger, Tel. +43 6138 2578, www.aschinger.at, Mo, Di Ruhetag, geöffnet von Ende März – 26. Oktober.

Wegbeschreibung Jausenstation Aschinger:

Vom Ausgangspunkt geht die asphaltierte Straße stetig ansteigend nach links bergauf. Rechts führt die Bahntrasse der Schafbergbahn vorbei. Bald ist man im schattigen Wald. Nach ca. ½ km lichtet sich der Wald und die Wiesen des Aschingergutes breiten sich aus. Von hier oben hat man eine tolle Aussicht über das Wolfgangseegebiet. Rück- wie Hinweg.

5 Helenenweg bei Mondsee
Höhe: ca. 927 m

kö

Eine Wanderung ins Helenental ist bei fast jedem Wetter empfehlenswert, auch bei Nieselwetter. Nach der Abzweigung im Werksbereich der Automatendreherei schlängelt sich der Weg neben einem Bacherl durch den Wald. Später lichtet sich das Tal, und auf einer weiten Wiese liegt idyllisch die beliebte Jausenstation mit Schaumühle. Die Erlachmühle wurde vom Culinarium Österreich ausgezeichnet, und das frisch gebackene Brot riecht man schon von Weitem.

Wetter:	Anforderung:	Dauer: ½ h

Anforderung:	Leicht; leichte Steigungen; kurze Wegstrecke Asphaltstraße, später Schotterweg durch Wald.
Dauer:	Ca. 1 km, 20–30 Min. eine Strecke.
Wetter:	Klass. Wanderwetter, auch für Regenwetter geeignet, am besten am Nachmittag, da die Mühle erst ab 14 Uhr geöffnet ist.

Wolfgangsee, Mondsee, Irrsee

Wanderwert für (Geschwister-) Kinder:	
2–3 Jahre:	Aufgrund der Kürze gut geeignet; Bacherl und Wiese zum Toben.
4–6 Jahre:	Siehe u. 2–3 Jahre; Schaumühle – siehe Info.
Kinderfahrrad:	Nur für geübte RadlerInnen. Wenige Meter, bei der Abzweigung im Gewerbegebiet muss geschoben werden, danach teilw. Geländer zum Bach.

Navi: 5310 Mondsee, Hierzenbergerstraße 30
Anfahrt: Autobahn A1, Strecke Linz – Salzburg, Ausfahrt Mondsee; B154 Richtung Mondsee Mitte. Nach ca. 150 m scharf links in die Hierzenbergerstraße einbiegen. Dieser durch das Siedlungsgebiet 650 m bis zum P auf der linken Seite folgen.
Bus/Bahn: Von Sbg. Bus 140 bis Mondsee Busterminal. 10 Min. Fußweg: Auf Franz-Kreutzberger-Str. links bis zur nächsten Kreuzung wandern. Links auf Rainerstraße und die zweite Straße rechts zur Ludwig Angerer-Gasse. Diese mündet in die Hierzenbergerstraße (Ausgangspunkt).

Ausgangspunkt (AP): P liegt bei Hierzenbergerstr. 30.

Infos/Gaststätten: *Jausenstation Erlachmühle, Tel. +43 6232 2578, 15. Mai–30. Sept. tägl. ab 14 Uhr, Mi Ruhetag, Führung durch die Schaumühle Di um 16 Uhr, Erw. € 3,50, inkl. Brotkostprobe. *TV www.mondsee.salzkammergut.at

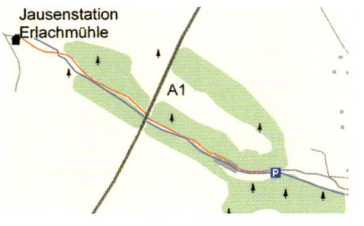

Wegbeschreibung Helenenweg:
Man folgt der Hierzenbergerstraße neben der Zeller-Ache flussaufwärts ins Helenental hinein, bis man sich auf einem Gewerbegebiet befindet. Bitte nicht beirren lassen – mitten im Betriebsgelände weist ein Wegweiser nach rechts. Hier beginnt nun der idyllische Teil des Weges. Es geht neben der friedlich plätschernden Ache durch dichten Wald und unter der Autobahnbrücke durch. Die riesigen Brückenpfeiler haben unsere Kinder schwer beeindruckt. Zum Ende hin lichtet sich der Wald und man kommt an eine Gabelung – den Pfeilen nach links über die kleine Brücke folgen. Bald ist das Ziel erreicht. Gleicher Rück- wie Hinweg.

6 Ausflugsziel Hochserner am Irrsee

Höhe: ca. 600 m

kö

An verschneiten Wintertagen ist diese kurze Rodelstrecke auch am Nachmittag schnell eingeplant, und an lauen Sommermorgen ein nettes Ausflugsziel um kurz den Kinderwagen ausrollen zu lassen. Ein Babybauernhof ist Ausgangspunkt und Endpunkt. Hier kann zwischendurch ein warmer Tee getrunken und das kuschelige Pony gestreichelt werden. Es geht stetig steigend über offenes Gelände mit schönen Ausblicken auf den Irrsee und Mondsee. Kaum unten angekommen mit dem Schlitten, wollten unsere Kleinen gleich nochmals los stapfen.

Wetter: Anforderung: Dauer: ¼ h

Anforderung:	Mittel – rasant; mehrmals täglich präparierte Rodelstrecke. Nachts beleuchtet.
Dauer:	Aufstieg ca. 10–15 Min.
Wetter:	Bei günstiger Schneelage.

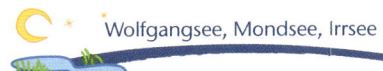

Wolfgangsee, Mondsee, Irrsee

Wanderwert für (Geschwister-) Kinder:	
2–3 Jahre:	Ideal, da die Rodelstrecke nicht lang ist. Das Pony und die anderen Tiere beim Bauernhof sind ein Highlight.
4–6 Jahre:	Siehe 2–3 Jahre. Einfach öfter rodeln!

Navi: Kolomansbergstraße 8, 4893 Zell am Moos

Anfahrt: A1 Abfahrt Mondsee, Richtung Zell am Moos/Straßwalchen. Nach ca. 4 km links abbiegen bei Irrsee Westufer, Ghf. Kasten. Nach ca. 50 m links Richtung Ghf. Hochserner Hof. Bei der nächsten Gabelung rechts, für ca. 3 km den Schildern folgen. Zum Schluss geht die Straße bergauf durch den Wald. P beim Ghf. Hochserner Hof.

Ausgangspunkt/P: P beim Ghf. Hochserner.

Infos/Gaststätten: *Gasthof und Babybauernhof Hochserner, Streicheltiere, Tel. +43 664 2708127, Dez-April wenn Rodeln möglich ab 17 Uhr geöffnet, Do Ruhetag, www.hochserner.com.

Wegbeschreibung Rodeln am Hochserner:

Links kurz vor dem Babybauernhof geht die Straße weiter bergauf. Es geht über offenes Gelände – leicht kurvig – stetig bergauf. Knapp vor dem Waldrand entweder noch kurz die Forststraße weiterwandern, oder eine Pause einlegen und die Aussicht genießen und zurück zum Ausgangspunkt rollen. Es war bei Druck nicht gewiss, wie weit der gleiche Weg im Winter als Rodelstrecke präpariert wird. Ein kleines Teilstück vor dem Bauernhof ist bei guter Schneelage laut Auskunft auf jeden Fall befahrbar.

7 Themenweg Lebensroas in Oberwang am Mondsee

kö

Die Lebensroas bietet mehr als nur Infotafeln zum Leben anno dazumal in Oberwang. Unter den 12 Stationen kommt das Spielen nicht zu kurz, und die 2 km werden zu einem kurzweiligen Erlebnis, das auch gehfaule Kinder begeistert. Beginnend bei dem Gasthof zum Fidelen Bauern führt der Weg hauptsächlich über Wiesen – mit Ausblick auf die Umgebung – und mit kleinen Steigungen durch den Wald.

Wetter:	Anforderung:	Dauer: ¾ h

Anforderung:	Mittel; Schotterweg; mittlere Steigungen, die letzten 150 m geht es etwas steiler bergab – Wagen sichern; hauptsächlich offenes Gelände (Sonnenschutz).
Dauer:	2 km, 45 Min. Gehzeit, viel Spielzeit einplanen.
Wetter:	Jedes Wanderwetter.

Wolfgangsee, Mondsee, Irrsee

Wanderwert für (Geschwister-) Kinder:	
2–3 Jahre:	Die Stationen sind medial bestens ausgestattet und können mit allen Sinnen erfahren werden. Die Kleinen finden einfach Spaß am Drücken und Lauschen der Installationen. Am Ende kann beim Bacherl Wasser aufgestaut werden (Wechselgewand).
4–6 Jahre:	Siehe 2–3 Jahre. Gerade die aktiven Stationen mit der Seilbahn, dem Spinnennetz, begeistern die Kinder.
Kinderfahrrad:	Nicht geeignet.

Navi: Grossenschwandt 31, 4882 Oberwang
Anfahrt: A1 Abfahrt Oberwang, Richtung Oberwang. Nach ca. 1,4 km links abbiegen den Wegweisern Themenweg Lebensroas folgen bis zum P beim Ghf. Zum Fidelen Bauern.

Ausgangspunkt/P: P beim Ghf. Zum Fidelen Bauern.

Infos/Gaststätten: *Ghf. Zum Fidelen Bauern, Spielanlage mit Turm und Hängebrücke, Tel. +43 6233 8570, www.fideler-bauer.at. Mo Ruhetag. *Infos zum Themenweg: www.lebensroas.at.

Wegbeschreibung Lebensroas:

Nach dem Gasthof weist ein Wegweiser nach links zum Themenweg Lebensroas. Gleich nach dem Stadel geht es nach rechts, kein Wegweiser. Danach ist die Runde gut angeschrieben. Der Rundweg endet an der Zufahrtstraße zum Fidelen Bauern. Von hier geht es links ca. 100 m bergauf zum Gasthof.

Taferlklaussee

II. Attersee

Weißenkirchen, St. Georgen, Weyregg, Seefeld, Steinbach, Weißenbach, Unterach

 Weitere wunderbare Wege findest du auf YouTube unter **wandaverlag**

8 Das „gläserne Tal" bei Weißenkirche

Höhe: 651–601 m - es geht bergab!

Der bezaubernde Lehr- und Spielpfad rund um das Thema Glas zählt zu unseren Lieblingswegen. Die Freudenthaler-Ache plätschert den Großteil der Wanderung am Wegrand dahin und lädt neben den vielen lustigen Stationen zum Spielen ein. Offiziell beginnt der Weg beim Parkplatz in Weißenkirchen mit sehr schönem Spielplatz, Toiletten und Aussichtsturm. Beim Waldrand gibt es jedoch ein sehr steiles, kurzes Stück. Darum ist es vielleicht mit Kinderwagen besser, bei der nächsten Parkmöglichkeit im Wald zu parken und von dort loszustarten.

Wetter:	Anforderung:	Dauer: ¾ h
Anforderung:	Großteils leicht, jedoch gibt es drei kurze Teilabschnitte, die steil sind; Kies- und Waldwege.	
Dauer:	Eine Strecke ca. 2,5 km, ca. 45 Min. Wir haben mit unseren Kindern wegen der vielen Spielstationen ganze 2,5 Std. für nur eine Strecke gebraucht.	
Wetter:	Jedes Wetter, außer bei Schneelage; erfrischend und schattig im Hochsommer.	

Wanderwert für (Geschwister-) Kinder:	
2–3 Jahre:	Optimal geeignet, jedoch Kraxe oder Buggy zum Ausrasten mitnehmen. Das erste Stück entlang einer Asphaltstraße ist etwas langweilig – evtl. den Weg unten beim Bach starten (Parkmöglichkeit 2).
4–6 Jahre:	Siehe 2–3 Jahre; perfekt geeignet! Vor allem das Bacherl ist ideal zum Dämmebauen, Waten und Spielen. Wir empfehlen jedoch zu zweit auszurücken, denn dann kann die wandernde Truppe am Rückweg beim Aquarium eine Pause einlegen und der/die Sportlichere holt das Auto – der ganze Rückweg zum AP in Weißenkirchen kann sich nämlich ziehen. Jedoch wartet dort auch ein echt netter Spielplatz.
Kinderfahrrad:	Nicht geeignet.

Navi: 4890 Weißenkirchen, Gemeindeamt

Anfahrt: A1 Strecke Linz-Sbg, Ausfahrt St. Georgen Richtung Vöcklamarkt/Ried i.I. Nach ca. 3 km und einigen kreativen Kreisverkehren zweigt links die Straße nach Weißenkirchen 5 km ab. Durch die kleinen Siedlungen Röth und Hölleiten durch und gleich nach letzterer Ortsausfahrt wieder links abzweigen nach Weißenkirchen, zum schön gelegenen und von Weitem sichtbaren Kirchlein.

Ausgangspunkt/P: P1: Es gibt einige gut beschilderte Besucherparkplätze im Ort Weißenkirchen. **P2:** Zweiter Ausgangspunkt zum Abkürzen: Nach Weißenkirchen die Straße Richtung Freudenthal runter fahren. Bei der Weggabelung links, danach gibt es eine Parkmöglichkeit. Über die Brücke gibt es einen Einstieg zum Weg.

Infos/Gaststätten: *interessante Homepage zum Weg www.dasglaesernetal.at, Gde. Weißenkirchen Tel. +43 7684 6355. *Wirtshaus in Freudenthal beim Umkehrpunkt, Tel. +43 7684 60638, www.freudenthal.cc, geöffnet ab 11 Uhr, Ruhetag Di. *Einkehrmöglichkeit auch direkt in Weißenkirchen. Im Ort gibt es einen ganz neuen Spielplatz.

Wegbeschreibung „Gläsernes Tal":

Von der Kirche in Weißenkirchen geht's, den Wegweisern „Gläsernes Tal" folgend, vorbei am Spielplatz und am Aussichtsturm. Der erste Teil der Wanderung ist nicht selbsterklärend, deshalb gut Acht geben. Es geht dorfauswärts Richtung Wald. Bevor man in den Wald kommt,

zweigt links ein Feldweg ab (hier kommt nun der, für KinderwagenschieberInnen anstrengendste Teil der Wanderung). Auf der Anhöhe angelangt, lädt ein Bankerl zum Rasten ein. Danach rechts halten Richtung Wald. Bald darauf gehts steil und mit dem Kinderwagen beschwerlich bergab. Je nach den vergangenen Wetterlagen kann der Weg auch ziemlich ausgewaschen sein. Wie anfangs erwähnt, parken deshalb viele im Wald und starten von dort die Wanderung.

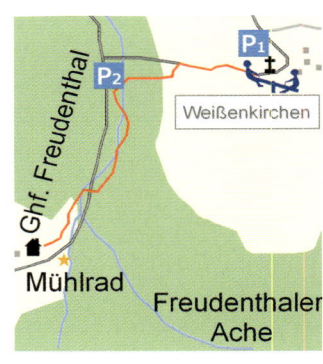

Nach besagtem Abstieg geht es gemütlich und beinahe eben weiter, vorbei an wundervollen Spielstationen und interessanten Schautafeln. Beim Ziel in Freudenthal gibt es einen netten Gastgarten und ein Mühlrad. Gleicher Rück- wie Hinweg.

9 Keltenbaumweg in St. Georgen i.A.
Höhe: 534–675 m   kö

Der Themenweg bei St. Georgen lädt ein, mit allen Sinnen die Kelten zu begreifen. Es gibt Stationen zum Balancieren, ein Keltenquiz mit „umgekehrten" Bäumen, einen liebevollen Abenteuerspielplatz u.v.m.. Für uns Erwachsene gibt's ein tolles Panorama bis zum Attersee und eine beeindruckende Baumriesenallee. Meist weht auch ein Lüfterl am Kogl. Zugegeben, der Anstieg ist anstrengend und nur mit geländegängigem Kinderwagen zu bewältigen, aber Schwitzen soll Stresshormone besänftigen und der Aufstieg lohnt sich.

Wetter:	Anforderung:	Dauer: 2 h

Anforderung:	Mittel–schwierig; zwei holprige Teilstücke über 100–200m Flurweg, Aufstieg zum Kogl ist steil, später guter Kiesweg mit mäßigen Steigungen, Hälfte des Weges asphaltierte Nebenstraßen und Radwege.
Dauer:	RW ca. 4,5 km, Gehzeit 2 Std.; mit Pausen ca. 3½ Std.
Wetter:	Klassisches, nicht zu heißes Wanderwetter; die Hälfte des Weges liegt in der prallen Sonne, die andere im schattigen Wald.

Wanderwert für (Geschwister-) Kinder:

2–3 Jahre:	Wir empfehlen beim Spitzerwirt (siehe Anfahrt) zu starten und bis zum Keltendorf (ca. ¼ Std.) oder Abenteuerspielplatz (kleine Füße brauchen ca. ½–1 Std.) zu gehen. Wie immer: Jause und Trinken nicht vergessen.
4–6 Jahre:	Siehe u. 2–3 Jahre. Die abwechslungsreichsten Stationen befinden sich zwischen Spitzerwirt und Abenteuerspielplatz (Keltenhaus,…). Der empfehlenswerte und liebevoll gestaltete Abenteuerspielplatz am Gipfel ist ein ideales Ziel. Gehfreudige Kinder können aber ohne Weiteres den Weg in der beschriebenen Richtung gehen. Kurzweilig!
Kinderfahrrad:	Nicht geeignet.

Navi: 4880 Sankt Georgen im Attergau, Kogl 17
Anfahrt: A1 Linz-Sbg, Abfahrt St. Georgen. Weiter Richtung St. Georgen. Bei den ersten zwei Kreisverkehren Richtung Hipping, Kogl, nach der Unterführung beim 3. Kreisverkehr die zweite Ausfahrt Richtung St. Georgen – Großes Schild Keltenbaumweg P1 (Navi: 4880 Sankt Georgen im Attergau, Kogl 60)
 Zum Spitzerwirt P: beim 3. Kreisverkehr die erste Ausfahrt Richtung Vöcklamarkt; nach ca. 400 m links Richtung Weißenkirchen abbiegen. Nach ca. 1 km liegt links der Spitzerwirt.
Bus/Bahn: Von Sbg. mit der Bahn über Vöcklabruck/von Linz Bahn nach Vöcklamarkt. Weiter nach St. Georgen im Attergau.

Ausgangspunkt/P: P1 Keltenbaumweg

Infos/Gaststätten: *Man wird auf einem Schild eingeladen, eine kleine Spende für die Benützung in eine Kasse zu werfen, was wir nur unterstützen können, weil der Weg mit viel Liebe und vielen Stationen gestaltet wurde. Die letzte Renovierung fand 2016 statt und der Weg wird jährlich gewartet. *Im Folder, erhältlich im Infokasten bei der ersten Station, wird noch ein weiterer ausgiebigerer Abschnitt durch St. Georgen beschrieben, der ebenfalls mit dem Kinderwagen begehbar ist. *Ghf. Spitzerwirt, sehr beliebtes und kinderfreundliches Gasthaus und Mostschenke, am Ende des Themenweges, kl. Spielplatz, der gut von den Sitzplätzen im Freien aus überblickbar ist, Wickelraum, Tel. +43 7667 6590, www.spitzerwirt.at, Ruhetag: Mo (Ende Nov-März auch Mi), der Gasthof kann auch als Startpunkt der Wanderung genommen werden.

Wegbeschreibung Keltenbaumweg:

1. Vom Ausgangspunkt Richtung P-Einfahrt auf dem Radweg für ca. 5 Minuten wandern.
2. Bei der Kreuzung rechts dem braunen Schild „Kelten.Baum.Weg" folgen. Nach ca. 10 Minuten kommt die erste Station des Keltenbaumweges, wenn man Glück hat, liegen noch Folder zum Weg im Infokasten bereit. Der Weg ist sehr gut beschildert, weshalb wir nur ein paar Anhaltspunkte geben:
3. Zu Beginn führt ein Asphaltstraßerl über die Felder und dann geht's steil bergauf zum Kogl. Weiter oben wird's schattig und flacher. Die Baumriesenallee führt nochmals steiler bergauf bis zum idyllischen Anna-Vogl-Platzl – mit

 Attersee

seiner wunderschönen Aussicht optimal zum Rasten und Jausnen geeignet. Dann gibt's noch eine kurze Steigung, bis der Abenteuerspielplatz erreicht ist.

4. Bis zum Keltenhaus, ebenfalls noch im Wald, geht's zuerst flach weiter und dann steiler bergab. Danach wieder über die Felder auf einem rumpeligen Flurweg zurück.
5. Bei der querenden Asphaltstraße links halten und weiter der Beschilderung folgen.
6. Bei der letzten großen Station des Keltenbaumweges weist ein Wegweiser links zum Spitzerwirt, der nur noch maximal 10 Min. entfernt ist, bzw. nach rechts Richtung St. Georgen, um zum AP zurückzukehren (ab hier nicht mehr beschildert). Richtung AP geht es hier kurz durch den Wald.
7. Danach die Straße überqueren und rechts weiter auf dem Radweg entlang der schönen Allee mit den alten Bäumen.
8. Nach dem Radwegende links halten und weiter auf der kleineren Straße der Schlossallee. Es geht vorbei am Schloss, der Weg mündet an der Bundesstraße, hier einfach rechts entlang des Radweges 600 m bis zum AP.

10 Gleißnerweg
(Weyregger Wasser Roas-Weg)

kö

▶ Weg auf YouTube unter **wandaverlag** - **Gleißnerweg**

Dieser Weg von Weyregg zum Gasthaus Bramosen in der Alexenau bietet schöne Ausblicke auf den Attersee. Gut ausgeschildert, auch als „Weyregger Wasser Roas", führt der Weg an das Thema Wasser heran. Die abwechslungsreiche Wanderung lässt sich gut mit einer Badepause und/oder einer Atterseeschifffahrt verbinden. Also alles, was das Herz für einen runden Sommerfrischetag begehrt. Der Dr. Gleißnerweg ist als Naturlehrpfad mit Schautafeln und Bänken versehen. Einige Steigungen erfordern etwas Kondition, sie sind aber gut mit dem Kinderwagen bewältigbar.

Wetter: ◐	Anforderung: 🔵	Dauer: 1 ¼ h

Anforderung: Mittel; teils asphaltierte und teils geschotterte Wege.
Dauer: Eine Wegstrecke: 4,1 km, 1 Std.–ca. 75 Min.
Wetter: Von bewölktem bis schönem Wetter (Bademöglichkeit). An heißen Tagen empfehlen wir, die Wanderung morgens oder gegen Abend zu machen, da nicht durchgängig schattig.

Wanderwert für (Geschwister-) Kinder:

2–3 Jahre:	Attraktionen: Schifffahrt, Baden am öffentlichen Badeplatz Alexenau (seichter Einstieg), kleiner Spielplatz beim Ghf. Bramosen, Tiere (Alpakas, Kühe, Truthähne), Brunnen am Weg. Paragleiter bei der Flugschule in der Alexenau.
4–6 Jahre:	Siehe 2–3 Jahre; großes Aquarium mit Seefischen im Ort Weyregg (s. Wegbeschreibung), Geo-Caches.
Kinderfahrrad:	Nicht geeignet.

Navi: 4852 Weyregg a. Attersee, Weyregger Straße 40 – Parkplatz.
Anfahrt: A1 Linz-Sbg, Abfahrt Schörfling und dann Richtung Weyregg. Im Ort Weyregg gibt es rechts einen großen Parkplatz für die Wachtberglifte.
Bus/Bahn: Mit der Bahn bis Vöcklabruck, umsteigen am Bhf. Vorplatz in Bus 562 bis Hst. Weyregg/Attersee Feuerwehr; von da ca. 11 Min. zum Dr.-Gleißner-Weg.
Ausgangspunkt/P: Parkplatz Wachtberglifte.
Infos/Gaststätten: *TV www.attersee.at, Tel. +43 7666 7719 70. *Hotel Restaurant Kaisergasthof in Weyregg, Tel. +43 7664 2202, weitere Gasthäuser in Weyregg vorhanden. *Gasthof-Hotel Bramosen, Alexenau, liegt etwas oberhalb des Sees mit schönem Blick von der Terrasse auf den See, Tel. +43 7664 2291, www.hotel-bramosen.at. *Attersee-Schifffahrt: Tel. +43 7666 7806, www.atterseeschifffahrt.at, die Schiffe von der Alexenau nach Weyregg verkehren von Anfang Mai bis Ende Sept. 2–4/tgl, deshalb unbedingt vorher Abfahrtszeiten erfragen.

Wegbeschreibung Gleißnerweg:

Der Weg ist mit gelben Wegweisern gut markiert, wobei abwechselnd „Gleißnerweg" oder „Weyregger Wasser Roas" angeschrieben steht. Gegenüber dem P auf der anderen Straßenseite gibt es die Abzweigung zu den Wachtbergliften. In diese Straße einbiegen. Vorbei geht es an der

Pfarrkirche und nach ca. 300 m kommt rechts die beschilderte Abzweigung zum Dr. Gleißnerweg bzw. zum Gasthaus Bramosen. Im ersten Drittel des Weges führt der Weg auf einer wenig befahrenen Straße leicht bergauf, mit ständiger Aussicht auf den Attersee. Oben angelangt, mündet der asphaltierte Weg in eine Schotterstraße, die in den Wald führt. Ein Picknickplatz mit schöner Aussicht lädt zu einer Pause ein. Vorbei geht es an der Kneippstation und dann abwärts Richtung Alexenau.

Abstecher Badeplatz und Retourweg per Schiff:
Zum öffentlichen Badeplatz direkt beim Gasthof Bramosen führt die Straße zur Bundesstraße hinunter. Diese überqueren und geradeaus zum See wandern. Der Badeplatz ist gleich neben der Schiffsanlegestelle. Entweder gleicher Rück- wie Hinweg, oder es geht bequem zurück mit dem Schiff! Je nach Jahreszeit und Witterung gibt es unterschiedliche Fahrpläne. Zurück in Weyregg haben wir uns immer auf einen Einkehrschwung und einen Besuch im Aquarium gefreut. Dieses erreicht man, wenn man ausgehend von der Schiffsanlegestelle in Weyregg, links entlang des Sees weiter geht. Ab hier ist das Aquarium ausgeschildert und der Abstecher in den netten Park mit Fischbecken lohnt sich. Zurück zum Parkplatz am besten den gleichen Weg retour bis zur Schiffsanlegestelle und dann weiter über den Kaisergasthof gehen: Durch den kleinen Park mit den Wiegeliegen und dem Frischwasserbrunnen und von dort der Hauptstraße entlang zum AP.
Schön zum Sitzen, jedoch nicht ideal für Kleinkinder da ungesicherte Ufermauer, ist auch die kleine Strandbar gegenüber dem Kaisergasthof direkt am See.

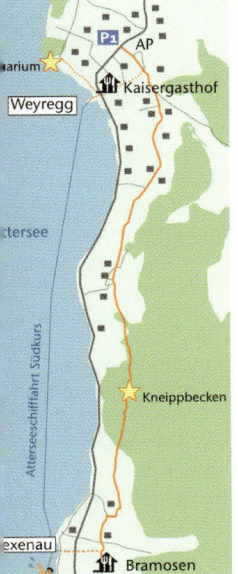

wandaverlag.at

11 Zur Födinger Alm am Kienesberg

Höhe: ca. 860 m

Die Födinger-Alm bietet einen grandiosen Aublick auf den Attersee. Sie liegt idyllisch am Waldrand oberhalb einer großen Bergwiese. Zusätzlich ist die ehemalige Jagdhütte ein gemütlicher und uriger Treffpunkt für Jung und Alt. Auch eine kleine Kapelle gibt es oben gleich nach der Alm. Die Straße ist für Radfahrer gesperrt, um gerade KinderwagenlenkerInnen einen guten Aufstieg zu ermöglichen. Im Winter lässt der 2,5 km lange Weg Rodelherzen höher schlagen.

Wetter:	Anforderung:	Dauer: 2 h

Anforderung:	Mittel; stetig steigende Forststraße, für Buggy aufgrund der Länge nur bedingt geeignet, besser ist es aber mit dem normalen Kinderwagen zu starten. Im Winter Rodel mitnehmen, es gibt keinen Verleih.
Dauer:	4,5 km eine Strecke, Aufstieg knapp 2 Std.
Wetter:	Jedes Wanderwetter. Im Winter Rodeln bei guter Schneelage.

Attersee

Wanderwert für (Geschwister-) Kinder:	
2–3 Jahre:	Unbedingt mit dem Kinderwagen ausrücken. Auf der Alm gibt es einen kleinen Spielplatz und einen Brunnen bei der Alm.
4–6 Jahre:	Siehe 2–3 Jahre. Die Forststraße ist etwas langweilig, aber mit ein paar Tricks (Geschichten erzählen, Beeren naschen) können die Kinder bis oben gelockt werden. Wer will, kann noch ein kurzes Stück weiter auf den Gipfel des Kienesberg wandern. Im Winter ist die Rodelstrecke lang und ausgiebig.
Kinderfahrrad:	Nicht geeignet.

Navi: 4852 Weyregg a. A., Bach 96, danach noch weiter bis zum P für die Födinger Alm.

Anfahrt: A1 Linz-Sbg, Abfahrt Schörfling und dann Richtung Weyregg. Dort links abzweigen und Hinweisschild „hinteres Reichholz", „Reichholz Bach" folgen. Nach ca. 2,9 km nach rechts – dem Hinweisschild „Födinger Alm" folgen.

Ausgangspunkt/P: Großer Parkplatz für die Födinger Alm, Anfang der Forststraße auf die Alm.

Infos/Gaststätten: *Födinger-Alm, kleine, urige Hütte, Ruhetage Mo, Di, Tel. +43 664 9279608, www.waldgasthof-foedinger.at. *TV www.attersee.at, Tel. +43 7666 7719 70.

Wegbeschreibung Födinger Alm:

Vom Parkplatz wandert man entlang der stetig steigenden Forststraße. Der Weg ist zusätzlich beschildert, obwohl man eigentlich nicht falsch gehen kann: Richtung Födinger Alm, Kienesberg. Es gibt 4 Serpentinen – die letze Gerade ist die längste. Gleicher Rück- wie Hinweg.

12 Von Seefeld zur Kienklause

Diese schattige Wanderung eignet sich aufgrund der durchgängigen Bäume sowohl an heißen Tagen als auch bei Regenwetter. Leicht ansteigend führt der asphaltierte Weg durch das romantische Kienbachtal entlang des Kienbaches zum Gasthaus Kienklause. An schönen Tagen kann die Wanderung mit einem Besuch in dem kleinen, kindergerechten Strandbad in Seefeld verbunden werden. Einkehrmöglichkeiten zu Beginn und am Umkehrpunkt der Wanderung.

Wetter: Anforderung: Dauer: 1 h

Anforderung:	Leicht. Leicht ansteigend, durchgehend asphaltiert und kaum Autoverkehr. Achtung Radfahrer!
Dauer:	Eine Wegstrecke: 3 km, ca. 1 h.
Wetter:	Geeignet für jedes Wetter. Ideal für heiße Tage und Regenwetter.

Attersee

Wanderwert für (Geschwister-) Kinder:	
2–3 Jahre:	An wenigen Stellen ist der Bach zugänglich, Wechselkleidung nicht vergessen! Nettes kleines Strandbad mit Planschbecken in Seefeld.
4–6 Jahre:	Siehe 2–3 Jahre, im Strandbad gibt es auch eine nette Rutsche für diese Altersgruppe.
Kinderfahrrad:	Nein, da durchgängige Steigung.

Navi: 4853 Seefeld
Anfahrt: A1 Linz-Sbg, Abfahrt Schörfling. Richtung Weyregg bis Seefeld fahren. Unmittelbar nach dem Gasthaus Föttinger vor der Brücke links Richtung Freizeitanlage/Kienklause Radweg einbiegen, nach einigen Metern ist links die erste Parkmöglichkeit (gegenüber Freizeitanlage), 100 Meter weiter rechts eine weitere.
Bus/Bahn: Mit der Bahn bis Vöcklabruck, umsteigen am Bhf. Vorplatz in Bus 562 bis Hst. Seefeld/Gh. Föttinger.

Ausgangspunkt/P: Parkplätze bei Freizeitanlage.

Infos/Gaststätten: *Ghf. Föttinger in Seefeld, netter, eingezäunter Spielplatz vom Gastgarten einsichtig, Tel. +43 7663 8100, kein fixer Ruhetag. *Ghf. Kienklause, Tel. +43 7663 202, Ruhetag Di. *Mostschenke Grablerhof in Seefeld, schön gelegen nahe Ausgangspunkt, Tel. +43 7663 623, geöffnet Mai–Sept. ab 16h, Ruhetage Mo, Do, Fr. *TV www.attersee.at, Tel. +43 7666 7719 70. *Strandbad Steinbach/Seefeld, täglich geöffnet, Eintritt!

Wegbeschreibung Kienbachklause:

Vom AP der Straße ins Kienbachtal folgen. Die Straße (Fahrverbot für Autos) führt durchgehend leicht ansteigend entlang des Kienbaches zum Gasthaus Kienklause. Gemütlicher schattiger Wanderweg. Gleicher Rück- wie Hinweg.

13 Kirchenweg in Steinbach

Das ist ein gemütlicher Spazierweg mit beschaulichen Plätzen, wie z.B. dem Kirchenplatz in Steinbach und der Gegend rund um das Forstamt mit der schönen Gartenanlage. Der anfängliche Anstieg auf den Kirchenhügel wird durch die Aussicht auf den Attersee erleichtert.

Wetter:	Anforderung:	Dauer: 1½ h

Anforderung:	Leicht; großteils asphaltierte, wenig befahrene Anrainerstraße; anfangs größere Steigung.
Dauer:	Obwohl nur 3 km eine Strecke, ist der mit Weg 1½ h ausgeschildert, wir brauchten mit den Kindern sogar länger.
Wetter:	Nicht zu heißes Wanderwetter.; kaum Schatten; gute Wegbeschaffenheit. Teilweise wintergeeignet und zwar von der Volksschule bis kurz vor dem Forstamt.

Wanderwert für (Geschwister-) Kinder:

2–3 Jahre:	Schöner Spielplatz in Steinbach (Volksschule), Strandbad in Seefeld, Viehweiden, Trinkwasserbrunnen beim Pfarrhof zum Pritscheln, Zwergerl-/Koboldfiguren.
4–6 Jahre:	Im Strandbad nette Rutsche, Bouldermöglichkeiten für größere Kinder hinterm Forstamt; öffentlicher Badeplatz am Endpunkt (leider in unmittelbarer Straßennähe).
Kinderfahrrad:	Teilstrecken mit Laufrad für Geübte geeignet.

Attersee

Navi: 4853 Steinbach a.A., Seefeld 1
Anfahrt: A1 Linz-Sbg, Abfahrt Schörfling. Richtung Weyregg bis Seefeld. Kurz vor dem Ortsende von Seefeld liegt links die Bleibtreuvilla (Schutzweg mit Blinksignal), auf der rechten Seite gibt es ein paar Parkmöglichkeiten.
Bus/Bahn: Mit der Bahn bis Vöcklabruck, umsteigen am Bhf. Vorplatz in Bus 562 bis Hst. Seefeld/Gh. Föttinger.; nach dem Gasthaus Föttinger entlang der Hauptstraße Richtung Steinbach über die kleine Brücke bis zum knapp 5 Min. entfernten AP Bleibtreuvilla gehen

Ausgangspunkt/P: Nähe Bleibtreuvilla

Infos/Gaststätten: *Mostschenke Grablerhof in Seefeld, schön gelegen oberhalb Ghf. Föttinger, Tel. +43 7663 623, geöff. Mai–Sep. Di, Mi, Sa u. So ab 16h, andere Tage saisonbedingt. *Ghf. Föttinger in Seefeld, netter, eingezäunter Spielplatz vom Gastgarten einsichtig, Tel. +43 7663 8100, kein fixer Ruhetag, geöff. Mai–Okt., warme Küche von 11.30–21.00 Uhr, am Nachmittag Jausenkarte, www.hotel-attersee.at. *Öffentliches WC beim Parkplatz vor Kirche in Steinbach. *TV www.attersee.at, Tel. +43 7666 7719 70. *Strandbad Steinbach/Seefeld, täglich geöffnet, Eintritt! *Bus-Fahrplan für die Rückfahrt unter: www.ooevv.at.

Wegbeschreibung Kirchenweg:

Die Markierung wechselt zwischen rot-weiß-roten Wegmarken und gelben Wegweisern. Ausgehend von der Bleibtreuvilla geht es kurz ansteigend auf den Kirchenhügel von Steinbach. Hier befindet sich der beschauliche Kirchenplatz. Bei der Kirche rechts die Zufahrtsstraße hinunter gehen; dann scharf links Richtung Kaufhaus bergauf und rechts Richtung Volksschule. Nach der Volksschule die Großalmstraße überqueren und geradeaus weiter Richtung Dorfstub'n. Bei der Abzweigung zur Dorfstub'n rechts halten. Die Straße führt nun immer oberhalb des Attersees durch Ansiedlungen mit ständigem Blick auf den See bis zum Forstamt. Entweder auf dem gleichen Weg zurück oder mit dem Bus nach Seefeld. Die Haltestelle „Forstamt" befindet sich gleich unten an der Seeuferstraße rechts, gegenüber dem öffentlichen Badeplatz.

14 Nixenfall bei Weißenbach

Die kurze Wegstrecke, durchgehender Schatten und ein erfrischender Wasserfall am Ende des Weges machen die Wanderung an heißen Tagen zum perfekten Ausflugsziel. Rund um den Nixenfall und dessen Entstehung gibt es eine Sage, die am Eingang des letzten Wegstücks zu lesen ist. Jause mitnehmen, es gibt keine Einkehrmöglichkeit entlang des Weges. Der Kinderwagen muss am Eingang des Nixenfalls abgestellt werden, da die letzten 200–300 Meter nicht kinderwagentauglich sind. Tragetuch oder Kraxe daher nicht vergessen.

Wetter:	Anforderung:	Dauer: ¾ h

Anforderung:	Leicht–mittel; gute Schotter- und Waldwege mit geringfügigen Steigungen; das letzte Stück zum Nixenfall (ca. 200–300 m) ist teils stufig und da-her nicht mehr kinderwagengeeignet.
Dauer:	Ca. 45 Min., ca. 2 km eine Strecke.
Wetter:	Kühl im Sommer, da schattig. An regnerischen Tagen Rutschgefahr beim letzten Wegstück.

Attersee

Wanderwert für (Geschwister-) Kinder:	
2–3 Jahre:	Brunnen beim Ausgangspunkt. Wasserfall; Möglichkeit zum Plantschen, jedoch ist das Wasser kalt! Wechselkleidung nicht vergessen!
4–6 Jahre:	Siehe 2–3 Jahre; Sage von der Nixe; Die Nixensculptur am Ziel muss immer wieder restauriert werden, daher den Kindern lieber vorab nichts davon erzählen, sonst sind sie enttäuscht.
Kinderfahrrad:	Geeignet, bis auf das letzte Teilstück.

Navi: Waldsiedlung 6, 4854 Weißenbach
Anfahrt: A1 Linz-Sbg, Abfahrt Schörfling, Richtung Weyregg bis Weißenbach. Nach dem Hotel Post links in die Bad Ischler Bundesstraße einbiegen. Nach ca. 1 km ist rechts die Fachbergbrücke Weißenbach, Ausgangspunkt für viele Wanderungen und daher aufgrund der vielen Schilder nicht zu übersehen.
Bus/Bahn: (Dadurch Wegverlängerung um ca. 1 km): Mit der Bahn bis Vöcklabruck, umsteigen am Bhf. Vorplatz in Bus 562 bis Hst. Weißenbach/Attersee Ort. Beim Hotel Post in die Bad Ischler Bundesstraße einbiegen und ca. 1 km bis zum AP gehen.

Ausgangspunkt/P: Fachbergbrücke Weißenbach

Infos/Gaststätten: Keine Gaststätten am Weg.
*TV www.attersee.at, Tel. +43 7666 7719 0.

Wegbeschreibung Nixenfall:

Der Nixenfallweg ist gut beschildert. Nach Überqueren der Fachbergbrücke führt links der Weg ein kurzes Stück entlang des Baches und biegt dann rechts in den Wald weg. Einfach dem Weg folgen und die den Weg kreuzenden Forststraßen überqueren. Beim Eingang Nixenfall den Kinderwagen stehen lassen. Jetzt sind es noch ca. 5–10 Min. bis zum Nixenfall. Der Weg führt ab nun über Stufen und Brücken zum 80 m hohen Wasserfall. Gleicher Rück- wie Hinweg.

wandaverlag.at

15 Viktor-Kaplan-Weg in Unterach

Die Infotafeln des Themenweges zwischen Attersee und Mondsee erzählen spannend über Strom, Wasser und Energie. Der schattige Weg führt an einem kleinen Wehr zur Stromerzeugung für das Arzneimittelwerk vorbei. Der gesamte ausgeschilderte Rundweg ist mit dem Kinderwagen nicht begehbar. Wir haben daher einen schönen Ausschnitt ausgewählt, mit zahlreichen Bankerln, einer Kneippanlage, Kuh- und Schafweiden und als Umkehrpunkt einen netten Bauernhof mit Enten, Hühnern und Ziegen … alles, was Kinder- und Elternherzen höher schlagen lässt. Unbedingt eine Jause mitnehmen, da es keine Einkehrmöglichkeiten gibt.

Wetter: Anforderung: Dauer: ¾ h

Anforderung:	Mittel, Schotterweg; ca. letztes ¼ des Weges ist steil und holprig (verwurzelt); wir kamen mit unserem Buggy gerade noch durch, geländegängiger Kinderwagen daher empfehlenswert.
Dauer:	1,7 km, ca. ¾ h eine Strecke.
Wetter:	Jedes Wanderwetter; erfrischend an heißen Tagen, auch bei Nieselwetter geeignet, jedoch keine Einkehrmöglichkeit zum Trocknen.

Attersee

Wanderwert für (Geschwister-) Kinder:	
2–3 Jahre:	Viele Bankerl, große und schön angelegte Kneippanlage, leider waren die Becken zur Zeit unserer Wanderung nicht befüllt, wir hoffen, dass die Anlage bald wieder erneuert wird; Kleintiere beim Bauernhof.
4–6 Jahre:	Siehe 2–3 Jahre; Infotafeln zur Stromerzeugung. Unsere Kinder haben auch die Fischtreppe vor der Staustufe in Augenschein genommen, dabei aber gut Acht geben, dass niemand ins Wasser fällt. Im Fortsetzungsband „Abenteuer Natur Salzkammergut" findet ihr einen weiteren Abschnitt dieses Weges, der gut für dieses Alter passt.
Kinderfahrrad:	Nicht geeignet.

Navi: 4866 Unterach, Elisabethallee 12
Anfahrt: A1 Linz-Sbg, Abfahrt Mondsee. Weiter Richtung Attersee, Unterach auf B151. Bei Unterach kurz weiter auf B152 Richtung Bad Ischl, danach gleich links von der Bundesstraße abfahren nach Unterach am Attersee. Kurz darauf rechts abbiegen auf den öffentlichen Parkplatz.
Bus/Bahn: Unterach/Attersee Elisabethallee, oder Mondsee Busterminal (Franz-Kreuztsberger-Straße), dadurch Wegverlängerung um 15 Minuten.

Ausgangspunkt/P: Am Ende des Parkplatzes (AP) bei der Turbine, beschildert.

Infos/Gaststätten: *Tiere bitte nicht füttern bzw. erst fragen. *TV www.attersee.at, Tel. +43 7666 7719 50. *Es gibt keine Gaststätten am Weg, daher Jause und genug zum Trinken mitnehmen.

Wegbeschreibung Viktor-Kaplan-Weg:
Themenwegschilder: Viktor-Kaplan-Weg, bzw. gelbe Wegschilder: Oberburgau, Dr. Angelis Weg. Von der Turbine nach rechts startend geht's gleich über eine Brücke. Unter der Bundesstraße durch und dann idyllisch neben der Seeache weiter. Nach 20 Minuten ist die Kneippanlage erreicht. Danach links halten, beim Nachtclub vorbei geht es jetzt steil bergauf. Oben angelangt ist eine sonnige Wiese und etwas später wieder ein Waldstück. Hier bei der Weggabelung den gelben Wegschildern Richtung Oberburgau folgen. Einmal wird es noch etwas steiler, aber bald geht's vorbei an einem Bauernhof und 30 Meter weiter ist der Umkehrpunkt, der Bauernhof bei einer Siedlung erreicht. Nach ausreichendem Bestaunen der vielen Kleintiere gleicher Rück- wie Hinweg.

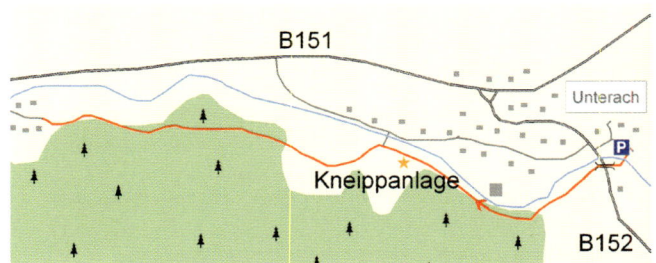

Glücksplatz beim
Schloss Orth
in Gmunden

III. Traunsee, Almtal
Aurach, Gmunden, Traunkirchen, Ebensee, Grünau-Almtal

 Weitere Tipps auf Facebook: wandaverlag

16 Hongar mit Blick ins Salzkammergut

Man glaubt es kaum, dass eine der nördlicheren Erhebungen im Salzkammergut noch so einen Wadelbeißer bietet. Es ist eine bei Einheimischen sehr beliebte Tour, da sie nicht auf der Hauptroute des Tourismusstromes liegt. Oben hat man einen unglaublichen Blick über das ganze Salzkammergut. Der Almgasthof Schwarz mit Erlebnisspielplatz und Wildtiergehege ist das Ziel der Wanderung und angenehm bodenständig. Im Winter ist die Strecke eine beliebte Rodelbahn.

Wetter:	Anforderung:	Dauer: ¾ h

Anforderung:	Mittel–schwer; stetig steigende Forststraße in vier Serpentinen.
Dauer:	1,3 km, ca. ¾ Std. eine Strecke.
Wetter:	Im Sommer früh starten, da offenes Gelände. Ideal im Herbst oder Frühjahr, schöne Rodelbahn im Winter.

Wanderwert für (Geschwister-) Kinder:

2–3 Jahre:	Ideal, um eine erste Bergwertung ins Touren-Tagebuch zu schreiben. Wir empfehlen jedoch, noch den Kinderwagen oder eine Rückentrage für Konditionseinbrüche dabei zu haben. Der Spielplatz ist ein Anziehungspunkt, er ist jedoch ein bisschen renovierungsbedürftig und die Rutsche war nicht mehr zu benützen.

4–6 Jahre:	Siehe 2–3 Jahre; für größere Kinder ist es spannender, den Pfad zu wandern, der neben der Straße auf den Berg führt – ist auch eine gute Abkürzung. Wer oben noch nicht müde ist, kann noch den Gipfel stürmen (sehr empfehlenswert). Der Weg ist nicht gebirgig, nur etwas zu steil für den Kinderwagen. Wegverlauf Gipfel (15–20 Min.): Oberhalb des Spielplatzes entlang des Waldes wandern, so kommt man gleich auf den Weg. Man hat einen traumhaften Blick auf den Traunsee, den Attersee und auf die Silhouette der Schlafenden Griechin.
Kinderfahrrad:	Nicht geeignet.

Navi: 4861 Aurach am Hongar, Kasten 23

Anfahrt: *A1 Linz-Sbg, Abfahrt Seewalchen. Bei B151 rechts Richtung Seewalchen abbiegen, danach gleich links auf B152. Nach 1 km links Richtung Aurach am Hongar, der Straße 5 km bis zum Kreisverkehr folgen. Erste Ausfahrt rechts Richtung Aurach am Hongar (2,5 km). In Aurach nach der Kirche dem Schild Hongar nach rechts für 4 km folgen. Vor dem Schranken nach links fahren, hier ist der Parkplatz.

Ausgangspunkt/P: Großer Parkplatz vor dem Schranken links.

Infos/Gaststätten: *Almgasthof Schwarz, nettes Jausenwirtshaus, der Spielplatz ist vom Sitzplatz aus gut zu sehen, Tel. +43 7662 2012, www.hongar.at, ganzj. geöff., Ruhetage Mo, Di, Betriebsurlaub siehe Homepage.

Wegbeschreibung Hongar:

Der Weg startet beim Schranken. Es geht mit gleichmäßiger Steigung in vier Serpentinen bergauf. Die ersten zwei Serpentinen führen durch den Wald. Danach kommt man auf die Almwiese und nach der dritten Serpentine kann man sich schon auf ein kühles, erfrischendes Getränk freuen. Der Almgasthof ist in Sichtweite. Gleicher Rück- wie Hinweg.

17 Toscana Park – Schloss Orth

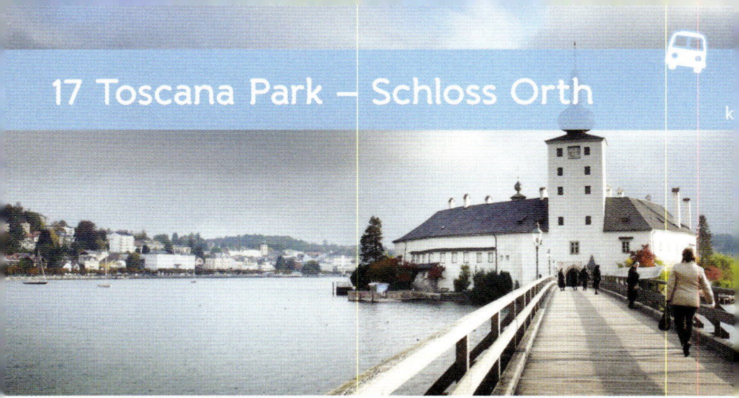

Gemütlicher Spaziergang entlang des Traunsees und in den großflächig angelegten Toscanapark mit seinen alten Bäumen, Lehr- und Rätseltafeln. An der Esplanade gibt es einen Spielplatz mit Klettergerüsten, Cafés zum Eis schlecken, viele Bänke und für größere Kinder einen tollen Erlebnisspielplatz im Toscana Park beim Congresshaus. Dazwischen liegt über einen Steg erreichbar das berühmte Schloss Orth, welches man auch gleich umrunden und beim Glücksplatz die schöne Aussicht auf den Traunstein genießen kann. Für kleine Prinzessinnen ein richtiges Märchenschloss und für große ein romantischer Ort zum Prinzen-Heiraten.

Anforderung:	Leicht; asphaltierte Straßerl und Kieswege, kurzes Stück Gehsteig.	
Dauer:	Schloss Orth bis Rathausplatz 1,7 km, ca. ¾ Std.; im Toscanapark beliebig schlendern.	
Wetter:	Jedes Wanderwetter; bei Regen kann es in Gmunden sehr stürmisch sein. Bei Nebel ist es reizvoll, wenn die ersten Sonnenstrahlen sich den Weg durch den Nebel bahnen. Im Winter werden die Wege im Toscana Park teilweise geräumt.	

Traunsee, Almtal

Wanderwert für (Geschwister-) Kinder:	
2–3 Jahre:	Aufgrund der Wassernähe – oft keine Sicherung – ist viel Aufmerksamkeit nötig; Attraktionen: Steine in den See werfen, Enten und Schwäne beobachten, Schaukelpferde beim Kletterspielplatz, Balancieren auf der Betonbrüstung, Anlege- und Abfahrtmanöver der Passagierschiffe und der Steg über den See zum Schloss Orth.
4–6 Jahre:	Wir empfehlen, in diesem Alter nur das Schloss Orth zu besuchen und danach weiter zum Erlebnisspielplatz mit dem hohen Turm und der langen Röhrenrutsche zu spazieren. Dieser liegt neben dem Congress-Gebäude. Vom Parkplatz stadtauswärts befindet sich das Gmundner Strandbad.
Kinderfahrrad:	Ideal an der Esplanade, bis auf ca. 20 m an der Straße; Toscanapark nur teilw. geeignet, da leichtes Gefälle – je nach Bremsvermögen der Kinder.

Navi: 4810 Gmunden, Toscanapark 1
Anfahrt: *A1 Linz-Sbg Abfahrt Regau, B 145 Richtung Gmunden. Bei Gmunden West abfahren Richtung Gmunden Zentrum. Nach 1 km rechts bei Toscana Congress einbiegen. Danach links auf dem großen Parkplatz parken.
Bus/Bahn: Von Linz oder Sbg. mit der Bahn über Attnang Puchheim nach Gmunden. In Gmunden mit der Straßenbahn bis zum Franz-Josef-Platz bzw. Esplanade und den Weg in der umgekehrten Richtung gehen.
Ausgangspunkt/P: Parkplatz bei Toscana Congress
Infos/Gaststätten: *WC und Wickelraum neben Kiosk beim P. *Traunseeschifffahrt Anlegestellen am Rathausplatz, Tel. +43 7612 66700. *Esplanadencafé Konditorei Baumgartner, sehr gutes Eis, Tel. +43 650 3228200, Mo Ruhetag. *Strandbad Gmunden direkt neben Toscana Parkplatz stadtauswärts, mit Waterclimber (für ältere Kinder) sowie Baby-/Kinderbecken, Wasserrutsche, www.strandbad-gmunden.at.

Wegbeschreibung Toscana Park bis Esplanade in Gmunden:

Es ist gut zu wissen, dass gleich beim Parkplatz ein ordentliches WC und ein eigener Wickelraum eingerichtet sind. Von der Parkplatzeinfahrt startet man links in Richtung Toscana Congress. Am Congress-Gebäu-

Traunsee, Almtal

de vorbei geht's zum Steg von Schloss Orth. Links neben dem Steg beginnt ein forstlicher Lehrpfad, etwa in der Größe eines Spielplatzes, zu dem man einen Abstecher machen kann. Nun geht's über den Steg zum Schloss Orth und zum Glücksplatz. Wieder von der Insel zurück geht's nach dem Steg rechts weiter und am Schranken vorbei. Nun führt das asphaltierte Straßerl kurz durch den Wald. Heraus kommt man an der Straße nach Gmunden. Hier nach rechts und für ca. 20 m am Gehsteig zum Anfang der Esplanade. Durch die Allee, dann vorbei am Kletterspielplatz und dem Eiscafé weiter bis zum Rathausplatz mit der Schiffsanlegestelle. Gleicher Rück- wie Hinweg. Bevor man wieder ganz beim Ausgangspunkt angelangt ist, kann man noch eine Runde durch den wunderschönen Toscana Park machen, dieser befindet sich hinter dem Congress-Gebäude.

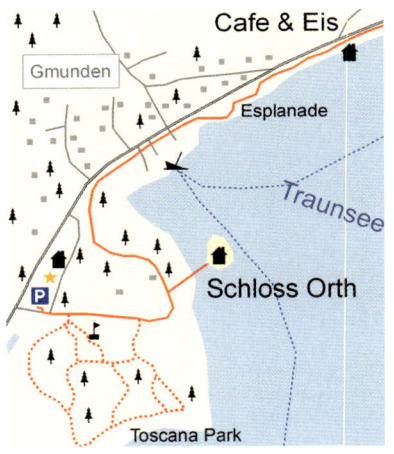

8 Laudachsee

Höhe: 895 m

gö

Diese Wanderung zum ca. 850 m hoch gelegenen Laudachsee im Hochmoor ist ein Klassiker. An schönen Tagen wurlt es dort geradezu – auch vor Kinderwägen. Es freut uns sehr, dass die neue Seilbahn nun barrierefrei ist und auch die Beschilderungen mit Kinderwagen gekennzeichnet sind. Es gibt zwei Varianten: einmal die Auffahrt mit der Gondel. Diese Variante ist stärker frequentiert aber auch landschaftlich schöner und abwechslungsreicher. Wer es einsamer mag und Forststraßen nicht abgeneigt ist, kann von St. Konrad aus über Dürrnberg aufsteigen.

Wetter: ◐ Anforderung: 🔵 🔴   Dauer: 1 h

Anforderung:	Gondelvariante: Mittel, kurzes Teilstück mühsam und steil, kann aber umgangen werden; ansonsten gemütlich; Schotter- und Waldwege. Forstwegvariante: Schotterweg, mäßig bis zum Teil sehr steile Steigungen.
Dauer:	Gondelvariante: 3,5 km, 1–1½ Std. eine Strecke. Forstwegvariante: 5,5 km, 2½ Std. eine Strecke.
Wetter:	Schönes Bergwetter; Bademöglichkeit und Liegewiese beim See; im Winter Rodelbahn – Ausgangspunkt Gasthof „Franzl im Holz".

wandaverlag.at

Wanderwert für (Geschwister-) Kinder:

2–3 Jahre: Nur Gondelvariante (Notfallkinderwagen oder Kraxe zum Ausrasten mitnehmen). Es gibt: Sehr schönen Abenteuerspielplatz und Niederseilgarten in der Nähe der Bergstation, Brunnen, Rastplätze, im Sommer ist Baden möglich (Seetemp. ca. 20–22°).

4–6 Jahre: Siehe 2–3 Jahre; der Hinweg führt größtenteils abwärts, dementsprechend geht es beim Zurückgehen aufwärts. Daher eher für gehfreudige Kinder geeignet. Für Volksschulkinder optimal. Der Weg ist recht abwechslungsreich mit Baumquerschnitt, Holzknecht-Unterstand, Brünnlein auf ca. halber Wegstrecke, der Sage von der Nixe Blondchen und dem Riesen Erla (Tafel in der Nähe des Ziels) und vielen Rastplätzen.

Kinderfahrrad: Nein.

Navi: P1 Gondelvariante: 4810 Gmunden, Traunsteinstr. 41
P2 Forstwegvariante: 4817 Sankt Konrad, Dürrnberg 49
P3 Rodelvariante: P 50 m nach Navi-Adresse, 4810 Gmunden, Laudachseestr. 61

Anfahrt: *A1 Linz-Sbg, Abfahrt Regau Richtung Gmunden. In Gmunden ins Zentrum und dann links Richtung Ostufer. Über die Brücke und 2. Abzweigung rechts zur Grünberg-Seilbahn.

Forstwegvariante: In Gmunden Richtung Scharnstein über Gschwandt – St.Konrad. In St. Konrad weiter Richtung Scharnstein. Bevor die Straße in den Graben (Wald) nach Scharnstein hinuntergeht, ca. 2 km nach St. Konrad rechts bei der Bushaltestelle (Halsgraben) abbiegen in den Güterweg Oberdürrnberg. Hinauffahren bis zum letzten Bauern – kleiner P beim Schranken.

Bus/Bahn: Für die Anfahrt mit öffentlichen Verkehrsmitteln empfehlen wir nur die Gondelvariante (dadurch Wegverlängerung um ca. 10 Min.) Mit der Bahn bis Attnang Puchheim und weiter nach Gmunden (Oder mit Bahn bis Lambach und mit dem Bus nach Gmunden). Vom Bahnhof Gmunden mit der Straßenbahn ins Zentrum fahren, von dort sind es 10 Min. zu Fuß bis zur Grünbergbahn.

Ausgangspunkt/P: P1 bei der Grünberg-Seilbahn
Forstwegvariante: P2 beim Schranken.

Infos/Gaststätten: *Grünberg-Seilbahn, Tel. +43 50140, www.gruenberg.info. *Grünbergalm (1004 m), Nähe Bergstation, großer, schöner Spielplatz bzw. Niederseilgarten, ÜM, Tel. +43 7612 77798, www.gruenbergalm.at, geöf. Apr.–Mitte Nov. von 9–17 Uhr, bei Schlechtwetter geschl. *Ramsauer Alm (881 m) beim Laudachsee, Tel. +43 664 9329694, www.laudachsee.com.

Wegbeschreibung Laudachsee:

Gondelvariante: Von der Bergstation kommend geht links der Weg zum Laudachsee weg. Der Weg ist sehr gut, seit einigen Jahren sogar mit einem Kinderwagenzeichen beschildert. Das kurze und schmale Wald-Steilstück abwärts kann umgangen werden, indem man am breiten Weg (Richtung Franzl im Holz) bleibt – sich danach aber gleich wieder nach den Wegweisern zum Laudachsee orientiert. Nach diesem kleinen Umweg geht's weiter gemütlich bis zum Ziel. Gleicher Rück- wie Hinweg.

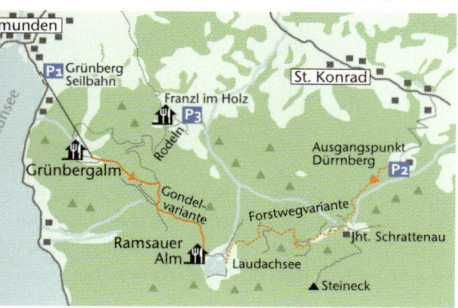

Forstwegvariante mit Trage: Vom Parkplatz (auch AP für die Tour aufs Steineck) der steil ansteigenden Forststraße für ca. 30 Min. durch den Wald folgen. Heraus kommt man bei den Schrattenauhütten, einem Plateau, wo ein paar Hütten stehen und sich die Wege trennen. Gerade hinauf gehts zum Steineck, nach rechts gehts zum Laudachsee. Ab hier geht es rel. eben in 45–60 Min. zum See. Etwa 20 Minuten (immer mit Zeitangabe beschildert) vor dem Ziel, den Schildern Richtung „Laudachsee" nach links folgen. Auf dieser Seite des Sees ist es ruhiger, es führt jedoch kein befestigter Weg zum Gasthaus und dem Badeplatz hinüber, daher Picknickdecke mitnehmen. Gleicher Rück- wie Hinweg.

19 Hochsteinalm
Höhe: 907 m

Die Hochsteinalm eignet sich aus zwei Gründen für eine Kinderwagenwanderung. Zum einen ist der großteils schattige Aufstieg über die Forststraße zur Hochsteinalm im Vergleich zu anderen Almaufstiegen relativ kurz. Zum anderen weiden auf der Alm viele interessante Tiere, Pferde, Esel, Ziegen, Hochlandrinder,... fast wie im Zoo. Im Winter lässt die Hochsteinalm Rodelherzen höher schlagen.

Wetter: ◐   Anforderung: 🔴   Dauer: 1½ h

Anforderung:	Schwer; ständig ansteigende Schotterstraße, etwas holprig.
Dauer:	Aufstieg 3,5 km, ca. 1–1½ Stunden.
Wetter:	Von bewölktem bis sonnigem Wetter. Im Winter Rodelstrecke: besonders warm anziehen, da nordseitiger, schattiger Aufstieg.

Traunsee, Almtal

Wanderwert für (Geschwister-) Kinder:	
2–3 Jahre:	Viele Tiere. Beim Almgasthof kleiner Spielplatz direkt beim Gastgarten. Großer Brunnentrog zum Pritscheln. Im Winter ist der Weg eine beliebte Rodelstrecke.
4–6 Jahre:	Siehe 2–3 Jahre.
Kinderfahrrad:	Nicht geeignet.

Navi: 4801 Traunkirchen, Hochsteinalm 1
Anfahrt: *A1 Linz-Sbg, Abfahrt Regau Richtung Bad Ischl, vorbei an Altmünster Richtung Traunkirchen. Dort, im Ortsteil Winkl, rechts nach Neukirchen (Beschilderung Hochsteinalm) abzweigen, und dann links den Hinweisschildern bis zum Ende der Asphaltierung folgen.

Ausgangspunkt/P: Parkplatz vor der Forststraße. Bei Überfüllung wird eine Wiese als Ausweichmöglichkeit beschildert.

Infos/Gaststätten: *Hochsteinalm (907 m), Rodelverleih im Winter, ÜN-Möglichkeit, ganzj. geöffnet, Bargeld, Tel.: +43 664 9875221, www.hochsteinalm.at.

Wegbeschreibung Hochsteinalm:

Vom Ende des P geht links die geschotterte Forststraße zur Hochsteinalm weg. Diese nehmen und nicht den beschilderten Wanderweg, der rechts wegführt! Die Forststraße schlängelt sich in Kehren stetig bergauf durch den Wald und bietet immer wieder schöne Ausblicke auf den Traunsee. Vor der Alm endet der Wald. Nun geht's unter freiem Himmel relativ flach vorbei an Tierweiden zur Almhütte. Wunderbares Höllengebirgspanorama. Gleicher Rück- wie Hinweg.

20 RW Langbathseen

Der glasklare Badesee ist nicht nur bei den Einheimischen beliebt, auch immer mehr Touristen tummeln sich um dieses Kleinod. Darum empfehlen wir besonders auch die Variante zum Hinteren Langbathsee. Das ist zwar anspruchsvoller, aber viel ruhiger. Der See liegt sehr idyllisch am Fuße des Brunnkogels, und ist ideal zum Abschalten. Am rechten Seeufer des vorderen Sees gibt es immer wieder kleinere Badebuchten und auch im Winter empfiehlt sich ein Besuch. Aufgrund der schattigen Lage friert der See schnell zu, und dann tummeln sich die Ebenseer Eisstockschützen und EisläuferInnen am See.

Wetter:	Anforderung: 	Dauer: 1¼ h

Anforderung:	Vorderer Langbathsee: Leicht; keine Steigung, guter Kiesweg, teilw. Forststraße. Hinterer Langbathsee: Mittel; mittlere bis steile Steigungen, Forststraße.
Dauer:	RW Vorderer Langbathsee: 3,5 km (ca. 1¼ Std.). Hinterer Langbathsee: 3 km, 1 Std. eine Strecke.

Traunsee, Almtal

Wetter:	Klassisches Wanderwetter; ideal zum Abkühlen im Sommer. Fast durchwegs schattig. Im Winter ist der Vordere Langbathsee bei EisläuferInnen sehr beliebt und eine Strecke ist für LangläuferInnen und FußgängerInnen geräumt.

Wanderwert für (Geschwister-) Kinder:	
2–3 Jahre:	Wir empfehlen in diesem Alter nur den Vorderen Langbathsee und diesen nicht ganz zu umrunden oder mit dem Buggy zum Ausrasten auszurücken. Gleich zu Beginn der Wanderung gibt es eine große Liegewiese – ideal zum Baden, Plantschen, Steine werfen.
4–6 Jahre:	Vorderer Langbathsee: Für kleine Wanderer gibt es am „Rückweg", d.h. am linken Ufer (südliches Ufer) kleine, spannendere Wegerl zum Erforschen – Achtung, auf diesen wenig frequentierten Wegerln kann man Schlangen begegnen. Hier führt der breite, „offizielle" Spazierweg nicht direkt am See entlang.
Kinderfahrrad:	RW Vorderer Langbathsee ist geeignet.

Navi: 4802 Ebensee – Langbathsee

Anfahrt: A1 Linz-Sbg, Abfahrt Regau, weiter auf B 145 Richtung Gmunden/ Bad Ischl. Bei Ebensee abfahren Richtung Zentrum. Nach 200 m vor der ersten Brücke nach rechts Richtung Langbathseen (ca. 8 km).

Ausgangspunkt/P: Parkplatz beim Vorderen Langbathsee.

Infos/Gaststätten: *Langbathsee Stüberl bei der Liegewiese, ganzj. geöffnet, nur wetterbedingte Ruhetage, Tel. +43 6133 40181. *Badetemperatur Vorderer Langbathsee im Sommer zw. 22°–24°, der Hintere Langbathsee ist ein kälterer Gebirgssee und weniger zum Baden geeignet.

Wegbeschreibung Langbathseen:

Wir empfehlen, den See gegen den Uhrzeigersinn zu umwandern, da hierbei zu Beginn der Weg auf der „Sunnseit'n" liegt. Im hinteren Bereich des Sees nach ca. 30 Min. kann zum Hinteren Langbathsee weiter gewandert werden (siehe Beschreibung Hinterer Langbathsee). Ansonsten zum Umrunden des vorderen Sees links weiter gehen (Beschilderung). Der Weg führt jetzt nicht mehr direkt am See entlang. Es geht über den Pfrillenbach. Der folgende Abstecher zum Jagdschloss von

Kaiser Franz Joseph ist leider nicht mehr möglich, aber es gibt hier eine große Wiese und schöne Stellen am See, die zum Rasten und Jausnen einladen. Nach dem Jagdschloss kann man, wenn holprige Strecken nicht stören, auf einem Trampelpfad abkürzen. Dieser Pfad führt wieder zum offiziellen Rundweg zurück. Knapp vor dem Ende der Umrundung aufpassen, es geht nach links – Schild zum Parkplatz / Hotel Langbathsee.

Verlängerung Hinterer Langbathsee:
Der Weg zweigt vom Vorderen Langbathsee ab und ist gut beschildert (siehe Beschreibung Vorderer Langbathsee). Anfangs noch flach, wird es immer steiler, aber auch sonniger. Gleich nach links führt eine kleine Holzbrücke über den Ausfluss des Sees. Es kann entschieden werden, ob man den See umrunden will (ca. 1 Std.), oder ob es nach links den Pfeilen folgend zurück zum Vorderen Langbathsee gehen soll. Der Rück-

weg geht stetig bergab und liegt im Schatten. Bei der Kreuzung zum Vorderen Langbathsee-Weg rechts halten. Kurz bevor es zum P zurück geht, aufpassen, dem Schild zum Parkplatz / Hotel Langbathsee nach links folgen.

21 RW Offensee

Der kleine, von Bergen umringte See ist ein höchst lohnenswertes Ziel für einen Tagesausflug. Aufgrund des reichlichen Schattens ist der Rundwanderweg besonders für wärmere, sonnige Tage zu empfehlen. Selbstversorgung ist angesagt, da es nur eine Jausenstation am hinteren Teil des Sees gibt.

Wetter:  Anforderung: 🟡 Dauer: 1 h

Anforderung:	Leicht; gut befahrbarer Schotterweg ohne Steigungen.
Dauer:	RW ca. 4 km, ca. 1 Std.
Wetter:	Ideal an warmen, sonnigen Tagen und auch im Hochsommer zum Baden. Im Winter friert der See meist zu – sehr beliebt zum Eislaufen.

Traunsee, Almtal

Wanderwert für (Geschwisterv-) Kinder:	
2–3 Jahre:	Erfrischende Bademöglichkeiten im Sommer. Nett zum Eislaufen im Winter
4–6 Jahre:	Siehe 2–3 Jahre; netter, leicht zu gehender Weg am See.
Kinderfahrrad:	Geeignet, siehe Anforderung.

Navi: 4802 Ebensee – Offensee
Anfahrt: *A1 Linz-Sbg, Abfahrt Regau, weiter auf B 145 Richtung Gmunden/Bad Ischl. Ca. 3 km nach Ebensee rechts Abzweigung zum Offensee (von hier noch 9 km).
Bus/Bahn: Nicht geeignet.
Ausgangspunkt/P: Beschilderte Parkplätze.
Infos/Gaststätten: *Jausenstation Seeau, am hinteren Teil des Sees gelegen, Tel. +43 664 1122970, Mitte Mai–Mitte Okt. ausser bei Schlechtwetter. *TV Ebensee, traunsee-almtal.salzkammergut.at.

Wegbeschreibung Offensee:
Es gibt mehrere Parkmöglichkeiten entlang des linken Seeufers. Wir empfehlen, die Runde vom Parkplatz neben dem ehemaligen Restaurant „Zum Jagdschloss Offensee" zu starten. Von hier den See gegen den Uhrzeigersinn umrunden. Bis zur Jausenstation Seeau dauert es eine halbe Stunde. Hier befindet sich auch eine größere Wiese. Gegen Ende der Runde mündet die Forststraße in einen Parkplatz. Auf der Straße zurück zum AP wandern.
Falls ihr vom hinteren, letzten Parkplatz startet, am besten im Uhrzeigersinn um den See wandern, so geht es gleich zum See und das Stück entlang der Anfahrtstraße liegt erst am Schluß der Wanderung.

22 Flößerweg in Grünau

Der durch Holztrift entstandene Flößerweg führt zum Teil an beiden Seiten der Alm (Fluss) bis nach Scharnstein. Wir haben das bei Familien sehr beliebte und auch für regnerisches Wetter gut geeignete Teilstück bis zum Redlmühlsteg ausgewählt. Für konditionsstarke WanderInnen lässt sich der Weg bis Scharnstein fortführen. Es gibt zwei super Spielplätze und einen wunderschönen Gasthof (siehe Wanderwert für Kinder) auf der Strecke, sowie die große Wehranlage „Redlmühle" mit einem Kleinwasserkraftwerk.

Wetter: 	Anforderung: 	Dauer: 1½ h

Anforderung:	Leicht; schattige Flussuferwanderung ohne Steigungen, durchgehender Kiesweg.
Dauer:	RW ca. 4 km, ca. 1½ Std.
Wetter:	Jedes Wetter, auch optimal bei Regenwetter oder an heißen Tagen, im Winter geräumt.

Wanderwert für (Geschwister-) Kinder:

2–3 Jahre:	Gleich am AP befindet sich der erste Spielplatz. Beim Ghf. Schaiten (D'Einkehr) gibt es Streicheltiere und einen Abenteuerspielplatz mit Trampolin, Go-Karts und Naturrutsche. Für die ganze Runde Buggy oder Kraxe mitnehmen. Zahlreiche Bankerl am Weg und große Schotterbänke beim Kinderspielplatz (Nähe AP) sowie beim Wehr laden zum Baden und Pritscheln ein (Zweitgarnitur und Badehose einpacken).
4–6 Jahre:	Siehe 2–3 Jahre; Beim Spielplatz gibt es auch eine kleine Skateranlage.
Kinderfahrrad:	Sehr beliebter Radweg und auch ideal für kleine Radler-Innen.

Navi: 4645 Grünau im Almtal, Am Grünaubach 1
Anfahrt: *A1 Linz-Sbg, Abfahrt A9 Voralpenkreuz/Sattledt Richtung Kirchdorf – erste Abfahrt Ried i. Traunkreis nehmen, über Pettenbach – Scharnstein – Weiter: siehe alle Richtungen (Almtal ist bereits ab der Autobahnabfahrt beschildert)
*A9 aus Richtung Graz kommend, Abfahrt Inzersdorf – Pettenbach – Scharnstein. Weiter: siehe alle Richtungen
🚗 alle Richtungen: Scharnstein – Grünau i. Almtal, geradeaus in den Ort fahren, nach der Brücke über den Grünaubach links zum P (gegenüber ist Freibad).
Bus/Bahn: Hst. Grünau im Almtal Gemeindeamt. Wegverlängerung: 4 Min.
Ausgangspunkt/P: Parkplatz bei Grünaubachbrücke
Infos/Gaststätten: *Wirtshaus „D'Einkehr" bei Einheimischen „Die Schaiten", traditionell und modern, große, gemütliche Gaststätte mit Kachelofen und Abenteuerspielplatz, schöner Gastgarten, Tel. +43 7616 20831, Mo, Di Ruhetag.

Wegbeschreibung Flößerweg:

Vom Parkplatz wieder die Anfahrtsstraße zurück über die Grünaubachbrücke gehen und nach der Brücke gleich links in die Schotterstraße abbiegen. Nach 50 m geht es zum Kinderspielplatz. Nach dem Spielplatz der Beschilderung (Weg Nr. 1 Flößerweg 3,8 km) flussabwärts folgen. Nach ca. 200 m befindet sich rechts die Abzweigung zum Gasthaus Schaiten (Wirtshaus D'Einkehr). Geradeaus am Hauptweg geht es ca. 1,8 km bis zum Wehr mit der Großskulptur „Alma Sulis – die Kraft des Wassers" und kurz darauf zur Redlmühlbrücke. Hier den Fluss überqueren und flussaufwärts wieder zurück. Auf der Höhe des Gasthaus Schaiten wieder über die Brücke und zurück zum Ausgangspunkt.

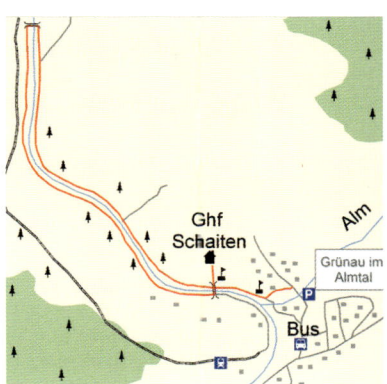

23 Ausflugsziel Hochberghaus bei Grünau   Höhe: ca. 1100 m

Sepp-Huber-Hütte

Ausflugsziele auf über 1.000 m Seehöhe sind rar und durch die Maut wird der Ausflug teurer, aber manchmal möchte man auch mit Kind Höhenluft schnuppern. Wer noch weiter hinauf und sich plagen will, kann zur Sepp-Huber-Hütte aufsteigen. Der Kinderwagenweg führt durch's Schigebiet und ist nicht so schön, die Trageroute dagegen recht nett und das stolze Gefühl, nach Langem wieder ein paar Höhenmeter zurückgelegt zu haben, unbezahlbar.

Wetter: 👦 ◐	Anforderung: 🟡 🔴	Dauer: 1½ h

Anforderung:	Hochberghaus: direkte Zufahrt. Sepp-Huber-Hütte (Höhe: 1506 m): Schwierig; Schotterstraße, teilw. steil.; ca. 400 Hm.
Dauer:	Direkte Zufahrt bzw. Sepp-Huber-Hütte: 1½ Std.
Wetter:	Nur bei schönem Bergwetter empfehlenswert.

Traunsee, Almtal

Wanderwert für (Geschwister-) Kinder:

2–3 Jahre: Spielplatz im Wald (kühl, warme Kleidung mitnehmen).

4–6 Jahre: Es sind viele Familien zur Sepp-Huber-Hütte unterwegs, die ca. 400 Hm haben es jedoch in sich, daher nicht für eher gehmüde Kinder geeignet. Vorsicht vor den MountainbikerInnen und ihren teils wilden Downhill-Fitten.

Kinderfahrrad: Nicht geeignet.

Navi: 4645 Grünau i. Almtal, Kasberg 1
Anfahrt: A1 Linz-Sbg, Abfahrt A9 Voralpenkreuz/Sattledt Richtung Kirchdorf – erste Abfahrt Ried i. Traunkreis. Weiter: siehe alle Richtungen (Almtal beschildert)
*A9 aus Richtung Graz kommend, Abfahrt Inzersdorf – Pettenbach – Scharnstein. Weiter: siehe alle Richtungen
⌂ alle Richtungen: Scharnstein – Grünau i. Almtal. Im Zentrum v. Grünau links – Kirchenberg Richtung Kasbergbahnen, dann rechts – Mautstraße 6 km. Die Mautgebühr entfällt bei Einkehr im Gasthof Hochberghaus.
Ausgangspunkt/P: Direkte Zufahrt, P beim Hochberghaus.
Infos/Gaststätten: *Hochberghaus, großes Almgasthaus mit großem Spielplatz im Wald (hinter dem Haus), daher manchmal kalt und nass, Rückerstattung der Maut bei Konsumation über € 15, Tel. +43 7616 8477, www.hochberghaus.at.
*OeAV Sepp-Huber-Hütte, 1506 m, ÜM, Tel. Tal +43 7616 8228,
Mobil +43 664 9266057.

Wegbeschreibung Hochberghaus:

Grundsätzlich empfehlen wir das Hochberghaus als Ausflugsziel. Wer sich mit Trage jedoch einmal schinden will, schlägt den Steig Nr. 431 ein. Mit Kinderwagen bietet sich die breite Schiabfahrt an (Kasberg Almrunde), dieser Weg ist jedoch fad und durch die Fangnetze nicht schön. Oben erwartet euch dafür eine hochalpine Landschaft und eine echte Schutzhütte. Auch die Kasbergalmhütte, ca. 10 Gehminuten weiter, ist bei Schönwetter geöffnet.

24 Almsee Ostuferweg

Sehr reizvoll – in einem weiten Kessel gelegen – ist der Almsee mit seinem eindrucksvollen Bergpanorama. Der direkt am Ufer des Sees entlang führende Ostuferweg ist fast durchgehend schattig und daher kühl. Für alle, die frisches Wasser lieben, ist dies ein wunderbarer Sommerausflug mit Bademöglichkeit an den Kiesbänken.

Der Almsee-Ostuferweg wird in diversen Wanderführern auch immer als „Romantikweg" für Verliebte bezeichnet. Und dies nicht zu Unrecht, viele Bänke laden zum Verweilen ein. Wir benützen diese Bankerl halt zum Stillen, Füttern oder Windel wechseln (die Verliebten mögen es uns verzeihen). Dabei kann man Enten und Schwäne beobachten oder einfach das wunderbare Panorama genießen.

Wetter: Anforderung: Dauer: 1 h

Anforderung:	Leicht–mittel; Schotterweg, mit leichten Steigungen; teilw. grobkörniger Schotter.
Dauer:	Vom Seehaus bis zum Seeausfluss: 3 km, ca. 1 Std. Almsee-RW: 6 km, ca. 2 Std.
Wetter:	Sonniges, auch heißes Wetter. Idyllisch auch bei Nieselwetter.

Traunsee, Almtal

> **Wanderwert für (Geschwister-) Kinder:**
> 2–3 Jahre: Bademöglichkeiten mit netten, seicht abfallenden Kieselbuchten zum Spielen, zutrauliche Enten und Schwäne; kleine Bächlein zu Beginn des Weges.
> 4–6 Jahre: Siehe 2–3 Jahre.
> Kinderfahrrad: Nicht geeignet.

Navi: 4645 Grünau, Almsee
Anfahrt: *A1 Linz-Sbg, Abfahrt A9 Voralpenkreuz/Sattledt Richtung Kirchdorf – erste Abfahrt Ried i. Traunkreis nehmen, über Pettenbach – Scharnstein – Weiter zum Almsee. (Almtal ist bereits ab der Autobahnabfahrt beschildert)
*A9 aus Richtung Graz kommend, Abfahrt Inzersdorf – Pettenbach – Scharnstein. Weiter Richtung Almsee.
Bus/Bahn: Von Linz oder Sbg. mit der Bahn über Wels nach Grünau im Almtal. Von Grünau mit dem Bus 535 bis Hst. Almsee Gh. Seehaus.
Ausgangspunkt/P: Parkplatz beim Ghf. Seehaus am südlichen Ende des Sees.
Infos/Gaststätten: *Gh. Seehaus, direkt am See, Ruhetag: So abends/Mo, Tel. +43 7616 8366, Nov.–Feb. Winterpause, www.gasthof-seehaus.at. *Ghf. Jagersimmerl – nicht direkt an der Wegstrecke, aber auf der Anfahrtsstrecke zum See, Tel. +43 7616 8505, Di Ruhetag, www.jagersimmerl.at (mit Betriebsurlaubszeiten). *TV Tel. +43 7612 74451, www.almtal.at.

Wegbeschreibung Almsee:

Vom Parkplatz geht man am Kiosk vorbei Richtung Auwäldchen. Nach dem Auwäldchen führt der Schotterweg direkt am See entlang, und bald erreicht man einen schönen Kieselstrand – ideal zum Spielen und Baden (auch im Sommer nur für Abgehärtete). Ab hier wird der Weg durchgehend schattig. Im leichten Auf und Ab bis zum Wehr (Abfluss der Alm aus dem See) wandern. Hier umdrehen und auf gleichem Weg retour wandern oder den Almsee umrunden, wie folgt beschrieben:
Der weitere Weg führt allerdings nicht immer direkt am See entlang. Man überquert die Brücke bei dem Wehr und dem kleinen Parkplatz und biegt links in den parallel zur Straße führenden Weg ein. Ein kurzes Wegstück führt direkt entlang der Straße.

25 Ödseen im Almtal

Weg auf YouTube unter **wandaverlag – Ödseen**

Die Ödseen sind zwei eher unbekannte kleine Bergseen am Fuße des Großen Priel. Landschaftlich erinnert die Gegend ein bisschen an Kanada. Es gibt unterirdische Quellen, die die Seen speisen, und so kommen sie auf erträgliche Badetemperaturen. Der kleinere See ist bequemer zu erreichen und etwas kälter, der größere ist schwieriger, aber dafür wärmer. Beide haben jedoch flache Einstiegstellen. Das schön gelegene, familienfreundliche Almtalerhaus (714 m) ist gerade an sonnigen Wochenenden ein beliebtes Ausflugsgasthaus.

Wetter:  Anforderung: Dauer: ½–1 h

Anforderung:	Beide Wege können witterungsbedingt ausgewaschen sein, werden jedoch immer wieder restauriert. **Kleiner Ödsee:** Mittel; leichte Steigung, Schotterweg bzw. Schotterstraße, die letzten 50 m zum Seeufer über Waldweg. **Großer Ödsee:** Mittel–schwer; zum Teil sehr steiler Schotterweg, kann je nach Witterung ausgewaschen sein.
Dauer:	Kleiner Ödsee, eine Strecke: 1 km, ca. 20 Min. RW: 1,7 km, ca. 40 Min. Großer Ödsee, eine Strecke: 1,5 km, ca. 40 Min.
Wetter:	Klassisches Wanderwetter, im Sommer Abkühlung im See oder Bach möglich.

Traunsee, Almtal

Wanderwert für (Geschwister-) Kinder:	
2–3 Jahre:	Spielplatz bzw. Spielwiese beim Almtalerhaus, großes Bachbett zum Spielen, welches vom Gastgarten aus beobachtet werden kann; Bademöglichkeit bei den Ödseen und im Bach.
4–6 Jahre:	Siehe 2–3 Jahre; Bei der Hütte gibt es eine kleine Kletterwand. Für eine erste Bergtour ist der Weg zum Herrentisch nett – beim Jausenplatz gibt es eine schöne Aussicht auf die beiden Ödseen und das Hetzautal (Gehzeit: ca. 1½ Std. hin und zurück – Wanderweg Nr. 430 Richtung Ringsattel folgen).
Kinderfahrrad:	Kleiner Ödsee geeignet, wenn Schotterwege mit leichten Steigungen schon befahren werden können.

Navi: 4645 Grünau im Almtal, Hetzau 7
Anfahrt: A1 Linz-Sbg, Abfahrt A9 Voralpenkreuz/Sattledt Richtung Kirchdorf – erste Abfahrt Ried i. Traunkreis nehmen, über Pettenbach – Scharnstein – Weiter: siehe alle Richtungen (Almtal ist bereits ab der Autobahnabfahrt beschildert)
*A9 aus Richtung Graz kommend, Abfahrt Inzersdorf – Pettenbach – Scharnstein. Weiter: siehe alle Richtungen.
⌂ alle Richtungen: Scharnstein – Grünau i. Almtal. Richtung Almsee, beim Gasthof Jagersimmerl links in das Hetzautal abbiegen. Von hier führt eine 6 km lange, einspurige Straße entlang des Straneggbaches ins Hetzautal zum P Almtalerhaus.
Bus/Bahn: Mit dem Bus bis Hst. GH Jagersimmerl, mit dem „Einfach Raus-Ticket von der ÖBB" fährt der Bus Nr. 535 bis zum Almtalerhaus am Mo, Do und So.
In Grünau im Almtal: Taxi Redl, Ausflugs- und Wandertaxi, Tel. +43 664 2301910.

Ausgangspunkt/P: Parkplatz beim Almtalerhaus
Infos/Gaststätten: *Almtalerhaus, gemütliche und sympathische Alpenvereinshütte mit schönem Gastgarten, Blick auf die gewaltigen Nordabstürze des Toten Gebirges und auf das Bachbett, das zum Spielen und Plantschen einlädt, kleiner Spielplatz, Hausmannskost, Übernachtungsmöglichkeit, Tel. +43 664 99545698, durchgehend geöffnet von 1. Mai bis Mitte Sept., kein Ruhetag, www.almtalerhaus.com.

Wegbeschreibung Ödseen:

Vom Parkplatz führt ein gut beschilderter Schotterweg zu den Ödseen. Es geht ein kurzes Stück bergauf. Bei der Abzweigung (geradeaus geht es

Traunsee, Almtal

zum Herrentisch) links halten, dann leicht bergab zur Straßengabelung.

Zum kleinen Ödsee:
Bei der Straßengabelung nach links abbiegen und nach ca. 100 m rechts in den Wald gehen. Kurz darauf ist der See erreicht. Rück- wie Hinweg. Oder (kleiner Rundweg, nicht beschildert): Vom See den Waldweg ca. 50 m zurück zur Schotterstraße gehen, dort jedoch rechts abbiegen und 400 m der Forststraße bis zu einer Hütte und einem Schranken folgen. Hier links abbiegen. Von dort sind es noch ca. 150 m auf der Asphaltstraße zurück zum Parkplatz.

Zum großen Ödsee:
Bei der Straßengabelung nach rechts hinauf gehen und dann den steilen Weg zum See hinunter (ev. könnte man den Kinderwagen auf der Anhöhe stehen lassen).

Rückweg:
Gleicher Rück- wie Hinweg oder Richtung kleiner Ödsee und dann der Beschreibung des kleinen Rundweges folgen.

IV. Nationalpark Kalkalpen, Region Pyhrn-Priel

Windischgarsten, Hinterstoder, Vorderstoder, Roßleithen, Hengstpass, Spital a. Pyhrn

 Weitere herrliche Touren unter: **wandaverlagtoptouren**

26 Steyr-Ursprung und Flötzersteig

Das Ausflugsziel Baumschlagerreith liegt in traumhafter Lage und ein kurzer Abstecher von dort zum Steyr-Ursprung ist absolut empfehlenswert. Die letzten Meter zum Steyr-Ursprung sind nicht mehr kinderwagengerecht, daher vorsorglich Trage mitnehmen. Wer länger mit dem Kinderwagen marschieren möchte, kann entlang der Steyr am Flötzersteig durch den Wald wandern. Das ist landschaftlich weniger abwechslungsreich, aber eine nette Alternative an heißen Tagen.

Wetter:	Anforderung:	Dauer: ¼–¾ h
Anforderung:	Baumschlagerreith bis Steyr-Ursprung: Mittel; guter Schotter-Waldweg mit mittleren Steigungen, einige Meter vor den Quellen nicht mehr kinderwagengeeignet. Flötzersteig: Mittel; großteils eben, kurze Steigungen, holprige Teilstücke.	
Dauer:	Baumschlagerreith bis Steyr-Ursprung: ca. 15 Min.; Flötzersteig: 2,5 km, 45 Min. eine Strecke.	
Wetter:	Schönes, auch heißes Wanderwetter.	

Pyhrn-Priel   Nationalpark Kalkalpen

Wanderwert für (Geschwister-) Kinder:

2–3 Jahre:	Vom Ghf. bis zum Steyr-Ursprung aufgrund der Kürze und Spielmöglichkeiten am Wasser optimal geeignet. Acht geben beim Wasser! Beim Gastgarten gibt es einen kleinen Spielplatz; Hirschgehege, Brunnen.
4–6 Jahre:	Siehe 2–3 Jahre; optimal geeignet für weniger gehfreudige Kinder; die Quellen und die Landschaft dort sind – auch ohne Animationsgeräte – sehr spieleinladend. Beim Gasthof gibt es den Kletterkogl mit 3274 cm.
Kinderfahrrad:	Nicht geeignet.

Navi: P1 Ausflugsziel, kurze Variante: 4573 Hinterstoder, Baumschlagerreith 2.
P2 Längere Variante, Flötzersteig. 4573 Hinterstoder, Hinterberg 44.
Anfahrt: *A1 Linz-Sbg. – beim Voralpenkreuz auf die A9 Richtung Graz. Ausfahrt Hinterstoder. Weiter: siehe alle Richtungen
*Stmk: A9 Richtung Linz. Ausfahrt Hinterstoder. Weiter: siehe alle Richtungen
🚗 alle Richtungen: Durch Hinterstoder und dem Straßenverlauf folgen (Baumschlagerreith beschildert). Bei der Straßengabelung links halten. Ca. 4 km nach Hinterstoder befindet sich links ein großer, mittlerweile gebührenpflichtiger Parkplatz (€ 4/Tag, bunte Wegpfeile) – das ist der Ausgangspunkt für den Flötzersteig. Anderenfalls weiter fahren bis zum Gasthaus.
Bus/Bahn: Mit der Bahn nach Hinterstoder oder Windischgarsten. Von dort mit Bus 431 bis Hst. Hinterstoder-Ortsmitte. Die Firma Riedler Reisen betreibt einen Rufbus (432) mit dem es weiter nach Hst. Hinterstoder Baumschlaggerreith geht. (Bitte vorher erkundigen/anmelden unter Tel. +43 7564 5159, Firma Riedler Reisen)

Ausgangspunkt/P: Kurze Variante: direkte Zufahrt zu Ghf. Baumschlagerreith
Längere Variante, Flötzersteig: Parkplatz lt. Anfahrt..

Infos/Gaststätten: *Jausenstation Baumschlagerreith in wunderschöner Gegend, gemütlicher Gastgarten mit Kletterfelsen, Hirschgehege, Biospeisen, Ruhetag: Di und Mi, Tel. +43 660 5160008, www.baumschlagerreith.at.

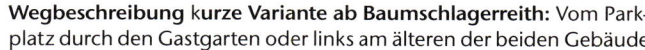

Wegbeschreibung kurze Variante ab Baumschlagerreith: Vom Parkplatz durch den Gastgarten oder links am älteren der beiden Gebäude vorbeigehen. Dahinter startet bergab der gut beschilderte Weg zum Steyr-Ursprung über ein im Sommer oft ausgetrocknetes Bachbett. Anmerkung: Wenn es am Tag vorher stark geregnet hat, kann dieses unscheinbare Bächlein zu einem reißenden Bach werden und ist dann nur über eine mit dem Kinderwagen sehr schwer zu nehmende Brücke überquerbar. Es folgen zwei Gabelungen. Bei der ersten geradeaus weiter und bei der zweiten rechts halten. Kurz vor den Quellen liegt die Steyr noch tief unten, etwas später wird der Weg für den Kinderwagen nicht mehr begehbar. Ein Bankerl lädt zum längeren Aufenthalt ein. Gleicher Rück- wie Hinweg.

Längere Variante Flötzersteig:
Der gesamte Flötzersteig ist 22 km lang und geht von St. Pankraz bis zum Steyr-Ursprung. Leider sind die schönsten Ausschnitte mit dem Kinderwagen nicht begehbar. Ausnahme: Ab Hinterstoder ist ein Teil des Flötzersteigs in unserer Wanderung „Schiederweiher" beschrieben. Der Abschnitt vor dem Baumschlagerreith ist kinderwagentauglich, landschaftlich nicht sehr abwechslungsreich, aber es gibt immer wieder Lichtungen, einen rauschenden Bach und einen gepflegten Weg.

Wegbeschreibung: Auf der dem Parkplatz P2 gegenüberliegenden Straßenseite befindet sich ein Stichweg (beschildert) zum Flötzersteig hinunter. Über die Brücke und dann links auf gut beschildertem Weg weiter. Gegen Ende kommt man zu einem breiteren Querweg. Hier links bis zur T-Einmündung und dann für ca. 400 m rechts entlang der befahrenen Asphaltstraße zum Baumschlagerreith.

7 Schiederweiher bei Hinterstoder

gö

Mit dem Gasthof Polsterstüberl hat sich die Runde zum Schiederweiher zu einem wahren Renner entwickelt. Es ist aber auch schön hier. Der Weg geht idyllisch ins Tal und vorbei am Weiher, er ist nicht lange und gut ausgebaut und auch im Winter geräumt. Am Ziel winkt eine gemütliche Gastwirtschaft mit traumhafter Lage, Pferden, Ponys, Esel, Geißen, Hasen und viel, viel Wiese zum Austoben. Als Draufgabe gibt's noch Lehrtafeln am Wegrand. Anmerkung: in Hinterstoder ist noch der Kneippweg empfehlenswert. Prospekte gibt's bei der Info im Zentrum.

Wetter: 	Anforderung:	Dauer: ½ h

Anforderung:	Leicht bei gleichem Hin- und Rückweg; guter Kies- und Schotterweg, nur geringe Steigungen; mittel bei Rundweg, da holpriger Waldweg-Abschnitt.
Dauer:	½ Std. eine Strecke, Rundweg ca. ¼ Std. länger.
Wetter:	Bei jedem Wanderwetter, auch bei Nieselwetter und im Winter geeignet.

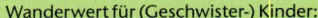

Wanderwert für (Geschwister-) Kinder:	
2–3 Jahre:	Mit Notfallkinderwagen für Konditionseinbrüche gut geeignet. Ziel ist optimal für Kinder, kleines Spielgerüst, viele Tiere.
4–6 Jahre:	Perfekt geeignet! Für dieses Alter gibt's beim Polsterstüberl auch noch etliche Tret-Go-Karts.
Kinderfahrrad:	Zum Schiederweiher gut geeignet; Rundweg aufgrund der Wegbeschaffenheit nicht geeignet.

Navi: 4573 Hinterstoder, Johannishof
Anfahrt: A1 Linz-Sbg. – beim Voralpenkreuz auf die A9 Richtung Graz. Ausfahrt: Hinterstoder. Weiter: siehe alle Richtungen.
*Stmk: A9 Richtung Linz. Ausfahrt Hinterstoder. Weiter: siehe alle Richtungen.
🚗 alle Richtungen: In Hinterstoder durch den Ort, und kurz vor dem Ortsendeschild befindet sich rechts ein mittelgroßer gebührenpflichtiger P (bunte, riesige Wegweiserpfeile).
Bus/Bahn: Mit der Bahn nach Hinterstoder oder Windischgarsten, von dort mit dem Bus 431 bis Hst. Hinterstoder-Ortsmitte. Entweder von der Ortsmitte die Wanderung starten (siehe Wegbeschreibung Verlängerung) oder weiter mit dem Rufbus nach Hst. Hinterstoder-Johanneshof (Infos unter Tel. +43 7564 5159, Firma Riedler Reisen)

Ausgangspunkt/P: Parkplatz Johannishof

Infos/Gaststätten: *Polsterstüberl, schöner Gastgarten, kl. Spielbereich, viele Tiere, Kutschenfahrten, Go-Karts, Tel. +43 664 5286092, www.polsterstueberl.at. *TV Hinterstoder Tel. +43 7564 526399, www.hinterstoder.at.

Wegbeschreibung Schiederweiher:

Vom P die Steyr überqueren und kurz die Asphaltstraße entlang. Bei den markanten Informationstafeln zum Kalkalpenweg links abbiegen (gelbes Schild: Schiederweiher). Hier ist ausgeschildert, ob das Polsterstüberl geöffnet hat. Weiter geht's auf gut ausgebautem Waldweg entlang der Steyr bis zum Schiederweiher. Nach dem kleinen See kommt man auf eine breite Schotterstraße. Hier links und entweder diesem gepflegten Kies-Schotterweg bis zum Polsterstüberl folgen – gleicher Rück- wie Hinweg – oder... (weiter siehe Rundweg).

Rundweg: ... oder eine kleine, aber etwas holprigere Runde gehen. Dafür wenige Minuten nach dem Schiederweiher auf dem Schotterweg bleiben und direkt vor dem nächsten Holzstadel am Wegrand links in den etwas rumpeligen Schotter-Waldweg abbiegen (Schild: Flötzersteig). Dieser Weg ist schattig, etwas eintönig, aber mit Bankerl. Heraus kommt man bei einer Lichtung und kleinen Kreuzung, etwas oberhalb befindet sich ein traumhaft gelegener Bauernhof. Hier rechts halten und in ca. einer ¼ Std. zum Polsterstüberl. Retour über den gepflegten Schotterweg.

Verlängerung (ca. ½ Std.): AP Ortzentrum Hinterstoder, riesiger Parkplatz nach dem Schiabfahrtstunnel. Den Schildern „Polsterluckenrunde" folgen und bei der Steyr angekommen links halten und am Bach entlang. Bei der Jugendherberge rechts über die Brücke und gleich wieder links (beschildert). Dieser Wegabschnitt ist nicht so idyllisch und geht durch Ortsgebiet.

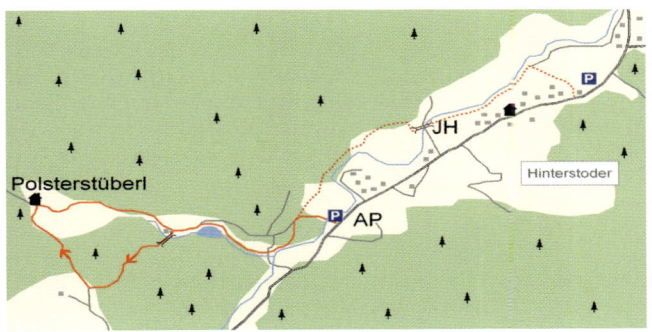

28 Tragetour Schafferteich
Vorderstoder

Der kleine See ist eher ein Ausflugsziel, die halbstündige Minitour mehr Spaziergang als Wanderung. Die Seeumrundung ist sehr schön, ausgesprochen ruhig und idyllisch. Man geht sie aber besser mit der Trage, da einige Stufen, Wurzeln und engere Stellen zu überwinden sind. Die Mostschenke (s. Skizze) ist leider geschlossen, wir empfehlen die Picknick-Ausstattung mitzunehmen.

Wetter:	Anforderung:	Dauer: ½ h

Anforderung:	Leicht–mittel mit Trage; eben bis leichte Steigungen; kurzes, holpriges Stück Feld- und Waldweg mit vielen Wurzeln, daher nur mit Trage empfohlen.
Dauer:	RW 1,5 km, ca. ½ Std.
Wetter:	Trockenes Wanderwetter, im Hochsommer Badegeheimtipp.

Pyhrn-Priel — Nationalpark Kalkalpen

Wanderwert für (Geschwister-) Kinder:	
2–3 Jahre:	Gut geeignet; gehende Kinder können den Teich schon umrunden, der Weg ist sehr abwechslungsreich mit Bacherl, Holzstegen, Holzschnitzereien, vielen Fischerln,...
4–6 Jahre:	Siehe 2–3 Jahre; aufgrund der Kürze auch für ansonsten (noch) gehfaule Kinder gut geeignet.
Kinderfahrrad:	Nicht geeignet.

Navi: 4574 Vorderstoder, Gaisriegl 4
Anfahrt: *A1 Linz-Sbg. – beim Voralpenkreuz auf die A9 Richtung Graz. Ausfahrt: Roßleithen/Windischgarsten. Weiter: siehe alle Richtungen
*Stmk: A9 Richtung Linz. Ausfahrt: Roßleithen/Windischgarsten. Weiter: siehe alle Richtungen.
⌂ alle Richtungen: Auf der B138 Richtung Spital/Pyhrn und kurz darauf im Ortsteil Pichl rechts abbiegen Richtung Vorderstoder. Vor Vorderstoder, bei der Bushaltestelle „Käserei" links abbiegen in den Güterweg Schafferteich. Nach knapp 1,5 km Parkplatz.
Bus/Bahn: (Dadurch Wegverlängerung um ca. 1,5 km) Mit der Bahn nach Hinterstoder oder Windischgarsten, von dort mit dem Bus 431 bis Hst. Vorderstoder-Käserei. (Infos unter Tel. +43 7564 5159, Firma Riedler Reisen).
Ausgangspunkt/P: P bei der Weggabelung Güterweg Grossgrub.
Infos/Gaststätten: *Leider wird die Mostschenke nicht mehr bewirtschaftet, daher Jause mitnehmen.

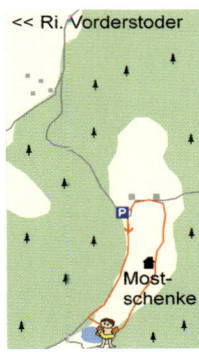

Wegbeschreibung Schafferteich:
Vom Parkplatz den Wegschildern zum Schafferteich auf dem gut ausgebauten Schotterweg folgen. Beim Teich nach links abbiegen und zu den Badestegen/zur Fischerhütte. Nach evtl. einer Badepause weiter und bei der nächsten Gabelung das Ufer des Teichs verlassen und nach links über den holprigen Waldweg und in Folge Wiesenweg wandern. Dort weiter, vorbei am Familienbauernhof Grossgrub zurück zum Ausgangspunkt marschieren.

29 Pießling-Ursprung und Sensenthemenweg

Weg auf YouTube unter wandaverlag – Pießling-Urspr

Hierbei handelt es sich um keine kleine Quelle wie beim Steyr-Ursprung, sondern um einen ca. 60 m tiefen, grünen Quelltopf. Der nur 1 Kilometer lange Weg ist idyllisch und mit Rastplätzen und Schautafeln ausgestattet. Wer mit Trage unterwegs ist, kann zum Gleinkersee abzweigen (siehe Weg Nr. 30). Auch die letzten Meter zur Quelle sind nicht kinderwagentauglich. Bei der Stummermühle gibt es montags Führungen, siehe unter Infos.

Wetter:	Anforderung:	Dauer: ½ h
Anforderung:	Mittel; gepflegter Kiesweg mit leichten Steigungen; beim Quelltopf Stufen und steiler Waldweg. Stichweg Gleinkersee (mit Trage): Wanderweg, 115 Hm.	
Dauer:	Ca. 20 Min., 1 km bis zur Quelle. Stichweg zum Gleinkersee: ca. ½ h, 2¼ km.	
Wetter:	Jedes Wanderwetter; es ist hier etwas kühler, daher für heiße Tage gut geeignet.	

Wanderwert für (Geschwister-) Kinder:	
2–3 Jahre:	Gut geeignet; kurz vor Anstieg zum Quelltopf befindet sich ein Bacherl zum Plantschen und ein netter Rastplatz. Kinder beim Quelltopf unbedingt an der Hand führen.
4–6 Jahre:	Sehr gut geeignet. Themenschilder zur Sensenerzeugung und Mühlräder zum Bestaunen.
Kinderfahrrad:	Nicht geeignet.

Navi: 4575 Roßleithen 54
Anfahrt: *A1 Linz-Sbg. – beim Voralpenkreuz auf die A9 Richtung Graz. Ausfahrt: Roßleithen/Windischgarsten. Weiter: siehe alle Richtungen. *Stmk: A9 Richtung Linz. Ausfahrt: Roßleithen/Windischgarsten. Weiter: siehe alle Richtungen
⌂ alle Richtungen: Richtung Spital/Pyhrn und bei Ortsteil Pichl/Roßleithen rechts abbiegen Richtung Vorderstoder/Pießling-Ursprung. In Roßleithen beim Gasthof Sengsschmied (Bushaltestelle) parken.
Bus/Bahn: Mit der Bahn nach Hinterstoder oder Windischgarsten, von dort mit dem Bus 431 bis Hst. Roßleithen-Ortsmitte (Gasthof Sengsschmied). (Infos unter Tel. +43 7564 5159, Firma Riedler Reisen)

Ausgangspunkt/P: Ghf. Sengsschmied in Roßleithen

Infos/Gaststätten: *Ghf. Sengsschmied, Tel. +43 664 1624058, www.gasthof-sengsschmied.eatbu.com, Ruhetag: Mo. *Stummermühle, von Juni bis Anf. Okt. jeweils Mo von 10–12 Uhr Führungen (bitte jedoch vorher erkundigen), Tel. +43 7562 7488. *Gemeinde Roßleithen, Tel. +43 7562 5230.

Wegbeschreibung Pießling-Ursprung und Sensenthemenweg:

Vom Parkplatz der Asphaltstraße abwärts folgen und zwischen den Gebäuden der Sensenschmiede geradeaus weiter. Bei der Schleuse mündet die Asphaltstraße in einen Kiesweg, etwas später folgt der Abstecher zur Stummermühle (siehe Infos). Weiter geht es jedoch rechts über die Brücke und dann links entlang des dicken Wasserrohres. Im letzten Teil des Weges zweigt der gut beschilderte Weg Richtung Greinkersee links über eine Brücke ab (nur mit Trage begehbar). Geradeaus geht es weiter zum Info- und Rastplatz mit Bacherl zum Plantschen. Zum Quelltopf muss man sein Baby/Kind ab hier tragen.

30 Gleinkersee

Dieser kleine See ist ein Highlight der Gegend. Traumhafte Lage, gemütliche Gastwirtschaften mit biologischen Produkten, eine Liegewiese zum Baden und ein gut gepflegter Rundweg rundherum – mit vielen Bankerln – was will man mehr?

Wetter:	Anforderung:		Dauer: ½ h

Anforderung:	Leicht; guter Kiesweg, keine Steigung.
Dauer:	RW 1,5 km, ca. 30 min.
Wetter:	Jedes Wetter außer Sturmwarnung, auch bei heißem Badewetter und bei Nieselwetter geeignet, da durch Bäume geschützt.

Pyhrn-Priel Nationalpark Kalkalpen

Wanderwert für (Geschwister-) Kinder:	
2–3 Jahre:	Gut geeignet, kurze Strecke; immer wieder Seezugänge. Schöne Badeliegewiese, Wassertemperatur ca. 21°.
4–6 Jahre:	Ideal geeignet; Möglichkeit zum Tretbootfahren.
Kinderfahrrad:	Gut geeignet.

Navi: 4575 Roßleithen, Gleinkersee-Straße 2
Anfahrt: *A1 Linz-Sbg. – beim Voralpenkreuz auf die A9 Richtung Graz. Ausfahrt: Roßleithen/Windischgarsten. Weiter: siehe alle Richtungen.
*Stmk: A9 Richtung Linz. Ausfahrt: Gleinkerau oder Roßleithen/Windischgarsten. Weiter: siehe alle Richtungen
⌘ alle Richtungen: Auf der B138 Richtung Windischgarsten – der Beschilderung (grün) Gleinkersee folgen (ca. 5 km).
Ausgangspunkt/P: Parkplatz Gleinkersee
Infos/Gaststätten: *Badeliegewiese Erw. € 4, Kinder: € 2. *Ghf. Seebauer, selbst gemachte Speisen aus eigener biologischer Landwirtschaft, Gastgarten, Tel. +43 7562 7503, geöffnet Juli, Aug. durchgehend, Mai, Juni, Sep.: Mo und Di Ruhetag, im Okt nur an Wochenenden, genauere Angaben unter: www.gleinkersee.at.
*Ghf. Tommerl, Sonnenterrasse, Tel. +43 7562 7514, Di–Fr von 10–14 Uhr, Sa, So und Feiertag bis 17 Uhr geöffnet, Ruhetag Mo.

Wegbeschreibung Gleinkersee:

Vom Parkplatz (Achtung: bei Badewetter ist viel los) Richtung Seerundweg, Gasthaus Seebauer gehen. Der See kann gut überblickt werden. Im Uhrzeigersinn führt der Weg über die Liegewiese und dann in den Wald. Der Durchgang ist frei; Baden gegen Gebühr.

31 Winterwanderung um die Villa Sonnwend

Die Villa Sonnwend liegt an einem „Eingang" zum Nationalpark, ist Hotel und etwas mondäne Gaststätte für Tagesgäste zugleich, sowie Ausgangspunkt für Wanderungen. Bei guter Schneelage wird zwischen dem Kalvarienberg und der Villa ein schöner Winterwanderweg präpariert. Ins Veichltal führt eine Loipe, und bis zur Schottergrube wird auch geräumt. In der schneefreien Zeit empfehlen wir die Villa Sonnwend als Ausflugsziel zum Herumstreunen.

Wetter:	Anforderung:	Dauer: ¾ h

Anforderung:	Leicht; ebene Asphalt- und Schotterwege, im Winter präpariert und mit Schlitten begehbar.
Dauer:	Ca. ¾ Std. bis zur Tannguterlacke ins Veichltal.
Wetter:	Schönes Winterwetter, offenes Gelände.

Wanderwert für (Geschwister-) Kinder:

2–3 Jahre:	Villa Sonnwend: Es gibt einen Spielplatz und eine Pferde- und Eselkoppel sowie einen Reiterhof nebenan; eine Wanderung dürfte für Kinder zu eintönig sein.
4–6 Jahre:	Siehe 2-3 Jahre; gleich nebenan befindet sich ein Modellflugclub. Mit etwas Glück sind grad ein paar dieser kleinen Fluggeräte in der Luft und können beobachtet werden.
Kinderfahrrad:	Ins Veichltal gut geeignet – jedoch Schotterweg.

Navi: 4575 Windischgarsten/Roßleithen, Mayrwinkl 80
Anfahrt: *A1 Linz-Sbg. – beim Voralpenkreuz auf die A9 Richtung Graz. Ausfahrt: Roßleithen/Windischgarsten. Weiter: siehe alle Richtungen
*Stmk: A9 Richtung Linz. Ausfahrt: Windischgarsten. Weiter: siehe alle Richtungen
*alle Richtungen: Bei Windischgarsten Nord abbiegen, am Sportplatz vorbei und bei der T-Einmündung rechts in die Salzastraße. Ab hier ist die Villa Sonnwend angeschrieben (durch den Ortsteil Mayrwinkl und bei der markanten Allee links zur Villa Sonnwend abbiegen).
Ausgangspunkt/P: Parkplatz Villa Sonnwend

Infos/Gaststätten: *Nationalpark Lodge Hotel Villa Sonnwend, Spielplatz, das Hotel kommt mondän daher, Tagesgäste sind willkommen, Tel. +43 7562 20592, www.villa-sonnwend.at.

Wegbeschreibung:

Bei guter Schneelage ist der Winterweg gut gekennzeichnet. Sommerweg ins Veichtltal: Grundsätzlich kann man sich nach den Nordic-Walking-Schildern „Villa Sonnwend Runde 9,65 km" richten. Vom P Richtung Pferdegehöft gehen. Durch die Hofdurchfahrt (da in Privatbesitz, lieber fragen, wenn jemand des Weges kommt, ob das in Ordnung ist). Bei der Querstraße links, am kleinen Bacherl entlang (gelbes Schild: Veichtltal). Am Asphaltweg geradeaus bleiben. Die Straße schlängelt sich um den Sonnwendkogel herum und macht eine Linksbiegung. Geradeaus bis zur Tannguterlacke (sehr zugewachsen, beschildert) weiter. Gleicher Rück- wie Hinweg.

Verlängerung: Ca. 6 km, ca. 2 Std. (geländegängiger Kinderwagen ist notwendig); Wer Gemeindestraßen und Feldwege nicht scheut, kann eine große Runde um den Sonnwend- und Giererkogel machen. Dazu bei der Tannguterlacke weiter, nach dem Schranken zwei Mal links halten und auf der asphaltierten Straße links zurück. In den Ortsteil Rading links abbiegen und nach ca. 1 km wieder links in den Feldweg mit Gatter abbiegen (Schild: Nordic Walking/Windischgarsten 45 min). Den Bauernhof „Rumpelmayr" durchqueren und danach den Schildern „Winterwanderweg" zurück zum Ausgangspunkt folgen.

32 Hengstpass Almenrundweg

Höhe: 780–880 m, Laussabauernalm, Puglalm, Karlhütte

Der Almenrundweg ist landschaftlich sehr schön, mit Blick auf die imposanten Kamper Mauern. Aufgrund der holprigen Wege/Almwiesen und der verschlossenen Gatter, über die der Wagen gehoben werden muss, ist die Runde mit dem Kinderwagen nur zu zweit und auch da noch schwierig zu begehen. Einfacher geht's mit einer Trage, denn insgesamt sind nur ca. 100 Höhenmeter zu überwinden und die Landschaft, Hütten, Bacherl und Rastbänke entschädigen für die Mühen.

Wetter:	Anforderung:	Dauer: 1½ h
Anforderung:	Schwierig aufgrund der Wegbeschaffenheit; kurze sehr holprige Abschnitte, teilweise gatschig; mäßige Steigungen, kurze steilere Passagen; Schlüsselstellen bei Weidegatter und Bach, ca. 200 m Straße.	
Dauer:	RW 4 km, ca. 1½ Std.	
Wetter:	Schönes, nicht zu heißes Wanderwetter.	

Pyhrn-Priel Nationalpark Kalkalpen

Wanderwert für (Geschwister-) Kinder:	
2–3 Jahre:	Wir empfehlen die Zufahrt zu einer Almhütte und dort eine kleine Runde zu gehen. Für den ganzen Rundweg mit einer Trage ausrücken.
4–6 Jahre:	Für diese Altersgruppe eignet sich der Rundweg gut. Allerdings empfehlen wir, dafür einen Tag zu reservieren, gemütlich von Alm zu Alm zu wandern und überall ausgiebige Rast einzuplanen.
Kinderfahrrad:	Nicht geeignet.

Navi: 5481 Rosenau, Hengstpass-Straße
Anfahrt: *Entweder auf die A1 Richtung Salzburg und dann auf der A9 Richtung Graz Ausfahrt Windischgarsten. Weiter: siehe alle Richtungen
*Oder von Linz A1 Richtung Wien, Ausfahrt Steyr und weiter auf der schönen Eisenstraße Richtung Ternberg – Großraming - Altenmarkt – auf die Hengstpassstraße Richtung Windischgarsten. Die Puglalm liegt rechts, kurz nach der Einfahrt zur Laussabaueralm.
*Stmk: A9 Richtung Linz. Ausfahrt: Roßleithen/Windischgarsten. Weiter: siehe alle Richtungen.
🚲 alle Richtungen: Bei Windischgarsten Richtung Zentrum, dann weiter auf die Hengstpass-Straße Richtung Altenmarkt. Um die Passhöhe herum befinden sich die Almen, allesamt gut beschildert. Die Puglalm liegt links, kurz nach der Karlhütte.
Bus/Bahn: Mit der Bahn nach Windischgarsten und von dort weiter mit dem Bus (AST 435; Rufbus, bitte min. 30 Min. vorher anmelden bei Fa. Rebhandl, Tel. +43 664 9076020) bis zur Hst. Rosenau am Hengstpass-Schneckerstraße (in der Nähe der Karlhütte).

Ausgangspunkt/P: Kleiner P bei der Puglalm oder in der Nähe entlang der Straße an geeigneter Stelle (evtl. ein paar Minuten weiter vor der Puglalm, bei Karlhütte).

Infos/Gaststätten: *Die Almen sind fast alle von Mitte Mai bis Mitte Okt. bewirtschaftet und direkt mit dem Auto erreichbar. Beschreibungen unter: www.nationalpark-region.at od. www.nationalparkregion.com.
*Puglalm (873 m), Tel. +43 664 5246877. *Laussabauernalm (785 m),
Tel. +43 664 9077747. *Karlhütte (890 m), Tel. +43 664 9673165. *Egglalm (960 m) an der alten Passstraße, Tel. +43 664 5051230. Von der Egglalm kann man auch ein Stück entlang eines Forstweges gemächlich wandern.

Pyhrn-Priel Nationalpark Kalkalpen

Wegbeschreibung Almenrundweg:

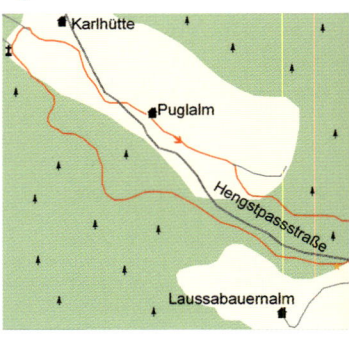

Wir schlagen als Start die Puglalm vor, weil von dieser Seite die Rundwanderung weniger Aufwärtssteigungen beinhaltet. Grundsätzlich kann man jedoch bei jeder Alm starten und auch direkt mit dem Auto zufahren. Gleich neben dem kleinen Spielplatz der Puglalm befindet sich ein fix verschlossenes Gatter. Dieses „große" Hindernis gilt es leider zu bewältigen. Vom Gatter geradeaus quer über die Weidewiesen gehen. Haltet Ausschau nach dem Schotterweg, der bereits nach ca. 150 Metern anfängt. Hier geradeaus weiter zum Infoschild. Dann

rechts halten zu einem weiteren verschlossenen Gatter. Hinunter zur Straße, diese überqueren (Hier sind leicht zu öffnende Zäune. Bitte nicht vergessen zu schließen, da die Kühe sonst das Weite suchen!). An den verlockend riechenden Bienenstöcken vorbei durch den lichten Wald und entlang des Rotkreuzbaches zur Kapelle. Dann rechts hinauf zur Hengstpassstraße. Hier kann man auf der anderen Straßenseite ein weiteres Gatter überklettern und über die Almwiesen zur Puglalm zurück wandern. Mit dem Kinderwagen empfehlen wir, die letzten 200 m auf der Straße zur Puglalm zu gehen.

wandaverlag.at

33 Ausflugsziel: Schüttbauern Alm

Höhe: ca. 1070 m

Die Schüttbauernalm, einzureihen zwischen Almhütte und Almgasthaus, ist sehr geschmackvoll und zeichnet sich durch ihre wunderbare Lage aus. Wir empfehlen sie als Ausflugsziel, da man mit dem Kinderwagen nicht wirklich weit kommt. Eine Forststraße zum „Einschlafern" gibt es aber allemal. Sie ist das richtige Ziel, wenn man einmal keine Lust zum Schwitzen, sondern nur zum Faulenzen hat und in luftiger Höhe sich die Sonne auf den Bauch scheinen lassen mag. (Die Wirtsleute erzählten uns, dass manchmal konditionsstarke Eltern mit dem Kinderwagen von der Viehtaler Alm aufsteigen.)

Wetter:	Anforderung:	Dauer: 0 h

Anforderung:	Leicht; Zufahrt bis zur Alm.
Dauer:	Direkte Zufahrt.
Wetter:	Schönes Bergwetter; in den gemütlichen Gaststuben kann man jedoch auch getrost einen Regenschauer vorüberziehen lassen.

Pyhrn-Priel   Nationalpark Kalkalpen

Wanderwert für (Geschwister-) Kinder:	
2–3 Jahre:	Empfehlenswert; es gibt keine Absturzgefahren und rund um die Hütte lässt es sich wunderbar erforschen, am Brunnen spielen oder in den Teich fallen. Genügend Wechselkleidung mitnehmen!
4–6 Jahre:	Sehr gut geeignet. Es ist sicher auch einmal abenteuerlich, auf der Alm zu übernachten. Mit Kindern in diesem Alter kann man auch bis zum Aussichtspunkt Sandgatterl (ca. 50 min) gehen. Liegt auf der Strecke Richtung Bodenwies (Höhe: 1541 m). Den Gipfel bitte auslassen, hier muss nämlich gekraxelt werden und es ist weit.
Kinderfahrrad:	Nicht geeignet.

Navi: 8934 Weyer, Unterlaussa 37 (Bauernhof), danach ca. 4,5 km Zufahrt zur Alm nur während der Öffnungszeiten (s. Info).
Anfahrt: *A1 Linz-Sbg., beim Voralpenkreuz auf die A9 Richtung Graz Ausfahrt Windischgarsten Richtung Pyhrn. Auf die Hengstpass-Straße Richtung Altenmarkt. Nach Überquerung der Passhöhe nach Unterlaussa Linksabzweigung bei kleiner Ansiedlung. Beschilderung Schüttbauernalm folgen.
*Oder von Linz A1 Richtung Wien, Ausfahrt Steyr und weiter auf der schönen Eisenstraße Richtung Ternberg – Großraming – Altenmarkt – auf die Hengstpassstraße Richtung Windischgarsten. Rechtsabzweigung bei kleiner Ansiedlung, der Beschilderung Schüttbauernalm/Schwoagerinnen Wanderweg/Bodenwies bis zum Ende der Straße folgen.
*Stmk: A9 Richtung Linz, Ausfahrt Spital a. Pyhrn – Richtung Windischgarsten – dort auf die Hengstpassstraße.
Ausgangspunkt/P: Parkplatz direkt bei der Schüttbauernalm
Infos/Gaststätten: *TV Pyhrn-Priel, www.urlaubsregion-pyhrn-priel.at, Tel. +43 7562 5266. *Schüttbauern Alm, Tel. +43 664 9748611, geöffnet von Mitte Mai bis Ende Okt, Do–So je nach Witterung und im Nov. nur an schönen Wochenenden. Nähere Informationen siehe: www.schuettbauernalm.at.

Wegbeschreibung Schüttbauern Alm:
Ausflugsziel – direkte Zufahrt (Achtung: nur während der Öffnungszeiten, siehe Infos).

34 Stefansbergalm bei Pyhrn

Höhe: ca. 900 m   gö

Zur Stefansbergalm geht's fast eben hinein, nur manchmal ist der Weg ein bisschen rumpelig. Weil ein Gatter fast unüberwindbar ist, müsst ihr hier zu zweit ausrücken, um den Kinderwagen hinüberhieven zu können. Die Wanderung ist aber sehr schön und gemütlich. Für gehende Kinder ist der Barfußweg beim Ausgangspunkt ein Erlebnis.

Wetter:	Anforderung:	Dauer: ¾ h

Anforderung:	Leicht–mittel; ebener Weg; Schotterweg mit holprigem Teilabschnitt im 1. Teil der Wanderung, daher geländegängiger Kinderwagen notwendig; ein nicht zu öffnendes Stacheldrahtgatter – hier muss man den Kinderwagen hinüberheben.
Dauer:	Ca. ¾ Std., 2 km eine Strecke.
Wetter:	Schönes Wanderwetter.

Wanderwert für (Geschwister-) Kinder:

2–3 Jahre:	Sehr gut geeignet, Strecke ist nicht lang und rel. eben; für Konditionseinbrüche Buggy oder Kraxe mitnehmen. Auf der Alm gibt es einen Brunnen und Schaukeln.

4–6 Jahre:	Siehe 2-3 Jahre; in diesem Alter ist die Begehung des Barfußweges unbedingt empfehlenswert.
Kinderfahrrad:	Nicht geeignet.

Navi: 4582 Spital/Pyhrn, Oberweng 20
Anfahrt: *A1 Linz-Sbg., beim Knoten Voralpenkreuz auf die A9 Richtung Graz, Ausfahrt Spital/Pyhrn. Weiter: siehe alle Richtungen
*Stmk.: A9 – Ausfahrt Spital/Pyhrn. Weiter: siehe alle Richtungen
🚗alle Richtungen: Durch Pyhrn und nach der Eisenbahnunterführung rechts abbiegen. Dem Wegverlauf und der guten Beschilderung Stefansbergalm/Oberwenger Barfußweg folgen (ca. 4 km wunderbares Panorama). Zur Jausenstation abbiegen, dann aber daran vorbeifahren. Ca. 300 m weiter am P parken (bei Ausfahrt Windischgarsten/Roßleithen – auf der B138 Richtung Spital/Pyhrn und vor der Eisenbahnbrücke links abbiegen)
Ausgangspunkt/P: Parkplatz Singerskogel

Infos/Gaststätten: *Barfußweg bei der Jausenstub'n Singerskogel, nettes Gasthaus mit Musikantenstammtisch jew. am 1. So im Monat, Tel. +43 664 4014582, www.singerskogel.at. *Die Stefansbergalm gehört zum Landhotel Oberwengerhof, Stefansberg und ist nicht ständig bewirtschaftet. Zur Sicherheit Verpflegung mitnehmen oder anrufen: Oberwengerhof Tel. +43 7563 3660.

Wegbeschreibung Stefansbergalm:

Grundsätzlich immer dem Weg 617 folgen. Nähere Beschreibung: Vom Parkplatz Richtung Stefansbergalm/Gowilalm geradeaus weiter gehen. Zwischen den Gebäuden des Bauernhofes durch (geht leider nicht anders) und schnurgeradeaus weiter. Das Stacheldrahtgatter ist fast nicht zu öffnen und durch den Gehweg kommen wir mit dem Kinderwagen nicht – daher hilft nur Drüberhieven. Wir können an dieser Stelle nur beschreiben, nicht verändern.
Bei der nächsten Gabelung rechts, über die Brücke und dann gleich links. Nun auf gutem Schotter-Kiesweg wieder fast schnurgerade zur Alm. Gleicher Rück- wie Hinweg.

35 Ausflugsziel Bosruckhütte oder Ochsenwaldalm

Höhe: ca. 1036 m

gö

Man kann fast direkt bis zur Bosruckhütte, die eher ein Berggasthaus ist, zufahren und zur Ochsenwaldalm sind es auch nur wenige Minuten. Da der „Garten" der Ochsenwaldhütte eingezäunt ist und sogar mit dem Rasenmäher gemäht wird, können hier Krabbelkinder und Kinder, die gerade gehen gelernt haben, ihren Bewegungsdrang frei ausleben. Ein netter Ausflug in der Gegend, jedoch nur mit Trage möglich, ist auch die Dr. Vogelgesang-Klamm (mit Eintritt, siehe unter Infos). Diese und weitere schöne Klammen sind in unseren Fortsetzungsbüchern „Abenteuer Natur Oberösterreich" und „Abenteuer Natur Salzkammergut" beschrieben.

Wetter:	Anforderung:	Dauer: 0 h

Anforderung:	Leicht – bis zur Bosruckhütte und Ochsenwaldalm; schwierig und steil bis zum Rohrauerhaus.
Dauer:	Je eine Strecke ab AP: Bosruckhütte: ½ km, 5 Min.; Ochsenwaldalm: 10 Min.; Rohrauerhaus: 3 km, 1½ Std..
Wetter:	Schönes Winterwetter.

Wanderwert für (Geschwister-) Kinder:	
2–3 Jahre:	Die Wanderung zur Ochsenwaldalm ist optimal geeignet, ev. sogar zu kurz. Es gibt hier jedoch viele Wanderwege und die Trittsicherheit kann auf den Almwegen gut geübt werden. Brunnen bei der Hütte und Weidevieh entlang des Weges.
4–6 Jahre:	Die Besichtigung der Dr. Vogelgesang-Klamm ist für dieses Alter sicher spannend (siehe unter Infos).
Kinderfahrrad:	Nicht geeignet.

Navi: 4582 Spital/Pyhrn, Grünau 31
Anfahrt: Auf der A1 Richtung Salzburg, beim Knoten Voralpenkreuz auf die A9 Richtung Graz, Ausfahrt Spital am Pyhrn. Richtung Zentrum fahren, beim Gemeindeamt/Tourismusinformation rechts hinein und dem Wegweiser „Dr. Vogelgesang Klamm" folgen. Nach ca. 1 km nach rechts abzweigen, unter dem Viadukt durch und der Straße aufwärts folgen bis zum letzten Parkplatz. (Entlang der Zufahrtstr. ca. 1 km nach dem Viadukt befindet sich der Parkplatz zur Klamm.)

Ausgangspunkt/P: Letzter Parkplatz vor der Bosruckhütte oder ein kurzes Stück vorher, da befinden sich nämlich schattige Parkmöglichkeiten.

Infos/Gaststätten: *Info TVB Spital am Pyhrn, Tel. +43 7562 5266. *OeAV Bosruckhütte, Übernachtungsmöglichkeit (Zimmer), Tel. +43 7563 666, www.bosruckhuette.eu, bew. von 15. Mai bis Ende Okt durchgehend und Ende Dez.–Anf. Apr. mit Ruhetagen Mo und Di. *Dr. Vogelgesang-Klamm, Eintritt: Erw. € 5,70, Kinder € 3,80, www.urlaubsregion-pyhrn-priel.at/Klamm. *Rohrauerhaus, **Tel.** +43 7563 660, www.rohrauerhaus.at, www.naturfreunde.at.

Wegbeschreibung Bosruckhütte/Ochsenwaldalm:

Vom letzten Parkplatz führt geradeaus ein gepflegter Schotterweg in ein paar Minuten zur Bosruckhütte. Kleiner und eine echte Almhütte ist die Ochsenwaldalm. Dafür geht man vom gleichen Ausgangspunkt, dem Parkplatz, über eine Holzbrücke und dann rechts in leichter Steigung hinauf zur Hütte. Da die Hütte und das Nebengebäude eingezäunt sind, vermutet man hier keine Ausschank. Man darf aber ruhig das Gatter öffnen, vor dem Haus ist ein gemütliches Platzerl mit einem

Brunnen. Der Aufstieg zum Rohrauerhaus ist grundsätzlich möglich, aber „zach", da wir mit dem Kinderwagen immer auf der Forststraße bleiben müssen. Der Weg beinhaltet einige stärkere Steigungen und es sind etwa 350 Höhenmeter zu bewältigen.

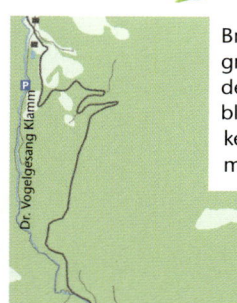

Wer noch Kraft in den Wadeln hat, kann auch auf das Rohrauerhaus auf 1348 m Höhe wandern. Obwohl der Weg sehr steil ist, werden hier immer wieder Kinderwagen-Chaffeusen gesichtet.

36 Wurzeralm

Höhe: ca. 1430 m

Die als Schigebiet bekannte Wurzeralm bietet auch in der schneefreien Zeit ein vielfältiges Naturerlebnis. Beim gemütlichen Themen-Rundweg um das Hochmoor Teichlboden hat man sich wirklich etwas einfallen lassen. Es gibt lustige Ratespiele zur Flora, einen Bereich zum Kneippen, einen Aussichtsturm und einen großen Stein, in dem man Wasser pumpen kann, um zu begreifen, wie sich das Wasser im Kalkgestein verbreitet. Dem Naturschutz sei Dank sind hier auch die Bauten und Tafeln für das Schigebiet – abgesehen von wenigen Ausnahmen – nicht sehr störend. Hier entspringt auch die Teichl und wer will, kann noch einen Abstecher zum Brunnsteinersee machen.

Wetter:	Anforderung:	Dauer: 2 h
Anforderung:	Mittel; großteils eben, Abschnitte mit mittleren Steigungen, zum Schluss stärkere Steigung; Stufen bei der Standseilbahn. Siehe Empfehlung zu Gondelfahrten in der Einleitung.	

Dauer:	RW: 6 km, ca. 2 Std. reine Gehzeit, am besten als Ganztagestour einplanen! Zum Brunnsteinersee: Wegverlängerung bei Rundweg ca. 30 Min. eine Strecke.
Wetter:	Schönes Wanderwetter. Bergwetterbericht beachten und bei jedem Wetter warme Kleidung, aber auch Sonnenschutz mitnehmen; fast durchgehend offenes Gelände – durch die Kessellage kann die Sonne ganz schön brüten.

Wanderwert für (Geschwister-) Kinder:

2–3 Jahre:	In diesem Alter ist Seilbahn fahren auf alle Fälle spannend. Wenn ihr den vordersten Waggonabschnitt wählt – was im Sommer meist kein Problem sein sollte, könnt ihr noch besser die Fahrt mitverfolgen. Mit Trage oder Kinderwagen bewaffnet (Buggy für Notfälle müsste genügen) lässt sich der Rundwanderweg – oder Ausschnitte davon – gut gehen. In diesem Alter ist auch nur der Abstecher zum Brunnsteinersee sehr nett.
4–6 Jahre:	Siehe 2–3 Jahre; gute GeherInnen können schon den ganzen Rundweg gehen – jedoch viel Zeit und viele Pausen einplanen. Es gibt viele schöne Rastplätze.
Kinderfahrrad:	Nicht geeignet.

Navi: 4582 Spital/Pyhrn, Pyhrn 33
Anfahrt: A1 Linz-Sbg., beim Voralpenkreuz auf die A9 Richtung Graz, Ausfahrt Spital am Pyhrn. Ab hier ist die Wurzeralm bereits angeschrieben (nach der Ausfahrt rechts). Die Standseilbahn liegt auf halber Höhe zum Pyhrnpass und ist gut beschildert (riesiger Parkplatz).
Bus/Bahn: Mit der Bahn nach Spital am Pyhrn oder Windischgarsten. Von dort weiter mit dem Bus 911 zur Haltestelle Wurzeralmseilbahn Talstation.
Ausgangspunkt/P: Parkplatz bei der Talstation der Standseilbahn

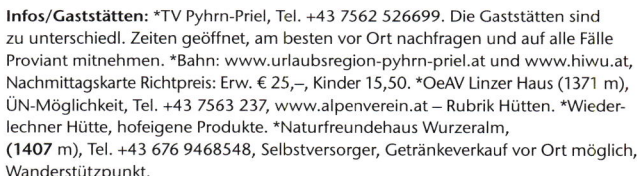

Infos/Gaststätten: *TV Pyhrn-Priel, Tel. +43 7562 526699. Die Gaststätten sind zu unterschiedl. Zeiten geöffnet, am besten vor Ort nachfragen und auf alle Fälle Proviant mitnehmen. *Bahn: www.urlaubsregion-pyhrn-priel.at und www.hiwu.at, Nachmittagskarte Richtpreis: Erw. € 25,–, Kinder 15,50. *OeAV Linzer Haus (1371 m), ÜN-Möglichkeit, Tel. +43 7563 237, www.alpenverein.at – Rubrik Hütten. *Wiederlechner Hütte, hofeigene Produkte. *Naturfreundehaus Wurzeralm, **(1407 m)**, Tel. +43 676 9468548, Selbstversorger, Getränkeverkauf vor Ort möglich, Wanderstützpunkt.

Wegbeschreibung Wurzeralm:

Grundsätzlich der Beschilderung Teichlboden Rundwanderweg (gelb) oder Wurzer NaturErlebnisWelt bzw. bis zum Baumquizweg dem Brunnsteinersee (201) folgen. Aufgrund der Kessellage sieht man bereits bei der Bergstation große Teile des relativ flachen Wanderweges. Wir empfehlen, im Uhrzeigersinn zu gehen, da man dann nur am Schluss für ca. 15 Min. kräftig aufwärts muss, sonst geht's mehrheitlich gemütlich leicht bergab. Von der Bergstation kommend geht's rechts hinunter, am Landesjugendheim vorbei und dann links halten (Abstecher zum Linzerhaus möglich). Vorbei an den Doppelsesselliften. Wer einen Abstecher zum Brunnsteinersee machen will, kann hier der Beschilderung zum See folgen. Um den Rundweg weiter zu wandern, heißt es hier aber rechts halten und dem Weg Nr. 218 folgen. Weiter geht's über das Hochmoor, den Teichlboden, vorbei am Aussichtsturm (Aussicht bis ins Gesäuse und viele Informationen zu den Blumen), vorbei an Almhütten und dem Naturfreundehaus Wurzeralm und wieder zurück zum Ausgangspunkt.

V. Inneres Salzkammergut

Bad Ischl, Bad Goisern, Hallstatt, Obertraun, Gosau

 Weitere wunderbare Wege findest du auf YouTube unter **wandaverlag**

37 Kalvarienberg Bad Ischl
Zu den Ursprüngen von „Guten Abend, Gut' Nacht"

Zwei nette Wege, die sowohl im Doppelpack als auch einzeln eine Wanderung wert sind. Im Frühling ist der Park voll mit Bärlauch. Der Bauernfeld-Weg ist stückweise holpriger, aber sehr idyllisch, vor allem die Leschetizky-Höhe, wo Johannes Brahms das berühmte Schlaflied „Guten Abend, Gut' Nacht" komponiert haben soll. Obwohl nicht übermäßig hoch gelegen, bieten sich herrliche Ausblicke.

Der Elisabeth-Waldweg ist schattig und für uns Kinderwagen-SchieberInnen besser präpariert. Beide Wege haben Themenschilder mit Infos über die Region, Kaiserin Sisi und berühmte Künstler und den gleichen Ausgangspunkt. Proviant nicht vergessen!

Wetter: ◐ ●	Anforderung: 🔵	Dauer: ¾ h

Anforderung:	**Bauernfeld-Weg:** Mittel–schwer; Schotterweg mit holprigen Stellen, ca. 15 m lange, sehr steile und holprige Passage (rückwärts ziehen, da schieben nicht möglich ist).
	Elisabeth-Waldweg: Mittel; Schotterweg, 3 Stufen bei Brücke, leichte bis mittlere Steigungen, durchgehend schattig im Wald.
Dauer:	Beide Wege ca. 1,5 km, 40 Min. eine Strecke.

 Inneres Salzkammergut

Wetter: Jedes Wanderwetter, großteils schattig, daher auch bei Nieselwetter geeignet.

Wanderwert für (Geschwister-) Kinder:	
2–3 Jahre:	Netter Spielplatz beim Ausgangspunkt; Wir empfehlen einen kurzen Abschnitt am Bauernfeldweg zu gehen. Der Wald ist ideal zum Streunen, über Wurzeln zu balancieren, Mooshütterl bauen,… einfach Zeit verbringen.
4–6 Jahre:	Siehe 2–3 Jahre;
Kinderfahrrad:	Am Elisabeth-Waldweg radeln ab und zu passionierte KinderradlerInnen – siehe Anforderung.

Navi: 4820 Bad Ischl, Ahornstraße 2
Anfahrt: Von Linz A1 Abfahrt Regau, B145 Richtung Gmunden, Bad Ischl. Weiter auf B158 Richtung Salzburg. Nach dem Tunnel Abfahrt Bad Ischl West Richtung Zentrum. Weiter: siehe alle Richtungen
*Von Sbg. B158 Richtung St. Gilgen, Bad Ischl. Abfahrt Bad Ischl West ins Zentrum. Weiter: siehe alle Richtungen
*Von Stmk. B145 Richtung Bad Aussee, Bad Ischl. Weiter auf B158 Richtung Salzburg. Nach dem Tunnel Abfahrt Bad Ischl West Richtung Zentrum. Weiter: siehe alle Richtungen
🚗 alle Richtungen: Auf Salzburgerstraße nach dem Hotel Stadt Salzburg vor dem Zebrastreifen scharf rechts abbiegen. Nachdem die Straße bergauf geht, nach links dem Straßenlauf folgen. Rechts weiter auf Ahornstraße. Nach 200 m rechts Richtung Kindergarten. Ca. 20 m nach dem Fahrverbotsschild liegt rechts der große Parkplatz.

Ausgangspunkt/P: Parkplatz gegenüber dem Spielplatz.

Infos/Gaststätten: *Am Weg gibt es keine Möglichkeiten zum Einkehren.

Wegbeschreibung Kalvarienberg:

Bauernfeld-Weg: Vom Parkplatz wieder zurück zur Einfahrt gehen und dann bergauf halten. Das Asphaltstraßerl führt oberhalb des Spielplatzes und dann in Serpentinen weiter bis zur Kalvarienberg Kirche. Links neben der Kirche steht eine kleine Kapelle. Hier weist nach links ein Schild zum Bauernfeld-Weg. Nach ca. ½ Std. am Ende des Bauernfeld-Weges rechts dem Schild zur Leschetizky-Höhe folgen.
Es geht weiter auf der mäßig befahrenen Ahorn-Straße. Auf der Straße

Inneres Salzkammergut

nun immer links halten (Schild Leschetizky-Höhe), bis nach ca. 10 Min. die Leschetizky-Höhe erreicht ist. Für den Rückweg die Straße, die zur Leschetizky-Höhe hinauf führt, weiter wandern. Bei der nächsten Gabelung scharf nach links bergauf (Schild Bauernfeld-Weg) und nach einigen Metern wieder zurück auf dem bereits bekannten Bauernfeld-Weg. Von hier einfach auf gleichem Weg retour wandern.

Elisabeth-Waldweg:
Am hinteren Ende des P geht nach links ein Pfad in zwei Serpentinen bergauf. Den Kreuzweg überqueren. Hier weist ein Schild zum RW Kalvarienberg und Glücksplatz Elisabeth-Waldweg. Bis direkt unter der Stromleitung des Umspannwerkes ist der Weg mit dem Kinderwagen befahrbar. Dort müssen wir leider umdrehen. Zurück zum Ausgangspunkt einfach auf dem gleichen Weg zurück wandern.

Beim Augangspunkt ist der schöne Spielplatz im Bauerpark

38 Esplanade und Sisipark
Entlang der Traun bei Bad Ischl

kö

Ausgehend im Stadtzentrum von Bad Ischl geht der Weg entlang der belebten Ischler Esplanade, unter schattigen Alleen weiter durch den zur Gartenausstellung 2015 entstandenen zauberhaften Sisipark. Der erste Spielplatz hat eine mit Sonnensegel überdachte Riesensandkiste. Der kleine Kaltenbach wurde in den zweiten Vorzeigespielplatz integriert. Im Sommer kommen die Kinder schon mit Badehose und Handtuch in den Park um dort im Bach zu plantschen. Auch große Kinder kommen auf dem Pumptrack für Scooter oder auf der Skaterbahn auf ihre Kosten. Auch die Kletterhalle der Naturfreunde steht bereit. Neben der Traun weht auch an heißen Tagen ein angenehm kühler Wind.

Wetter: 🌞🌈🧑‍🎓⛄🌗	Anforderung: 🟡 🧍	Dauer: ½ h

Anforderung:	Leicht; teilw. asphaltiert bzw. Kieswege, keine Steigungen.
Dauer:	Eine Strecke ca. 1,5 km, 30 Min. Gehzeit.
Wetter:	Jedes Wanderwetter, auch bei Nieselwetter.

Wanderwert für (Geschwister-) Kinder:

2–3 Jahre:	Es gibt zwei Topp Vorzeige-Kinderspielplätze: Der erste Spielplatz nach der Esplanade hat eine Sandkiste mit Sonnensegel und Pippis Pferd als Rutsche. Um zum zweiten Kletter-Spielplatz zu gelangen muß ein Bach übersprungen werden. Gerade dieser ist ein magischer Anziehungspunkt – unbedingt Wechselgewand und ev. Badehose mitnehmen. Die Strecke ist Buggygeeignet.
4–6 Jahre:	Siehe 2–3 J.; unsere Burschen waren vom Pumptrack für Scooter nicht mehr wegzubringen. Manche verbringen hier Stunden; Helm, Armschützer und Erste-Hilfe-Koffer nicht vergessen.
Kinderfahrrad:	Strecke bis zur Katrinseilbahn optimal geeignet.

Navi: 4820 Bad Ischl, Esplanade
Anfahrt: *Von Linz A1 Abfahrt Regau, B145 Richtung Gmunden, Bad Ischl. Weiter auf B158 Richtung Salzburg; Abfahrt Bad Ischl West Richtung Zentrum. Weiter: siehe alle Richtungen
*Von Sbg. B158 Richtung St. Gilgen, Bad Ischl. Abfahrt Bad Ischl West ins Zentrum. Weiter: siehe alle Richtungen
*Von Stmk. B145 Richtung Bad Aussee, Bad Ischl. Weiter auf B158 Richtung Salzburg; Nach dem Tunnel Abfahrt Bad Ischl West Richtung Zentrum. Weiter: siehe alle Richtungen
⌂ alle Richtungen: Weiter auf Salzburgerstraße. Weiter auf Wirerstraße vorbei am Kurpark (rechts einordnen!). Nach dem McDonalds rechts einbiegen auf Esplanade; perfekt wäre es, hier einen Parkplatz zu finden, ansonsten nächste Straße rechts, P beim Kongresshaus (gebührenpflichtig), zu Fuß zurück zur Esplanade.
Bus/Bahn: Von Sbg. mit Bus 150 nach Bad Ischl Bahnhof, weiter zu Fuß oder mit Bus 542 bis Hst. Bad Ischl Schröpferplatz. Von hier weiter die Straße bis zur Esplanade gehen.
*Oder von Linz mit der Bahn nach Bad Ischl Bahnhof. Vom Bahnhof links über den Busparkplatz und vorbei bei der Feuerwehr wandern. Vor der Bahnbrücke geht nach rechts ein kleines Wegerl runter zum Weg an der Traun. Die Traun flußaufwärts am Adalbert Stifter Kai bis zur Esplanade wandern.

Inneres Salzkammergut

Ausgangspunkt/P: Wer einen P entlang der Esplanade findet, startet von hier; es gibt verschiedene Einstiegsmöglichkeiten in den Park, siehe Karte.

Infos/Gaststätten: Für einen Kurzimbiss ist das K³ Sportbistro der Kletterhalle ideal, ab 15 Uhr geöffnet. *Esplanaden Café Zauner, berühmt, klassisches Kaffeehaus, Tel. +43 6132 23722, www.zauner.at. *Café Johann, nach dem Kurpark Nähe Esplanade neben McDonalds, Ischler Eisdiele, Mo Ruhetag, Tel. +43 660 2200851, www.cafebarjohann.at.

Wegbeschreibung Sisipark bei Bad Ischl:

Der Weg an der Esplanade ist zuerst in Fußgänger- und Radweg geteilt. Beim Café Zauner vorbei kommt man bald zum ersten Spielplatz. Dem Wegverlauf folgen und den Bach beim zweiten Brückerl überqueren. Links liegt die Pferderennbahn und der liebevolle Garten der Lebenshilfe, rechts ein weiterer Kletterspielplatz mit Bach zum Spielen. Dies ist meist Ziel und Endpunkt. Weiter „ginge" es über die Straße: ein Schotterweg führt zwischen Skaterpark und Pumptrack hinter der Kletterhalle entlang des schattigen Kaltenbaches. Nach den Tennisanlagen kommt noch ein Fittnessplätzchen, danach geht es rechts über das Brückerl bis zur Talstation der Katrinseilbahn. Gleicher Rück- wie Hinweg.

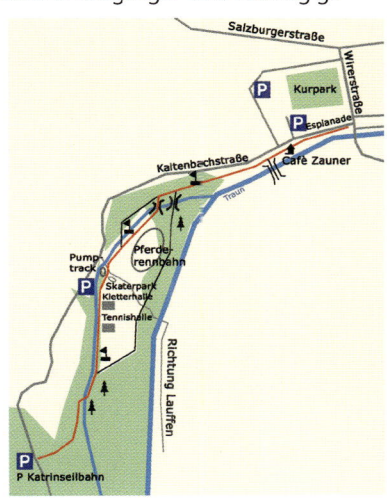

39 Rund um den Jainzenberg

Der Jainzenberg (835 m) ist ein Klassiker bei einheimischen Wanderfamilien – es ist oft der erste Berg, den kleine Ischler besteigen. Mit dem Kinderwagen aber lässt sich der Jainzen auch gut umrunden. Es geht idyllisch durch zwei kleine, urige und abgelegene Ortschaften, dazwischen schlängelt sich der Weg über Wiesen und Wälder den Jainzenbach entlang. Ein Abstecher zum Glücksplatz Hohenzoller Wasserfall lohnt sich, die letzten paar Meter sind jedoch nicht kinderwagentauglich. Verpflegung mitnehmen, denn es gibt keine Gaststätte am Weg. Diese Runde lässt sich gut mit dem Besuch der Kaiservilla kombinieren, und auch der anschließende, großflächige Kaiserpark lädt zum Herumschlendern ein.

Wetter:	Anforderung:	Dauer: 2 h

Anforderung:	Mittel; im ersten Drittel geht es 200 m steil bergauf, danach leichte – mittlere Steigungen; meist Nebenstraßen (geringer Anrainerverkehr), Forststraße und Flurwege – geländegängiger KW wird empfohlen; kurzes Stück schmales Wegerl; zum Schluss ½ km an der Bundesstraße.

Inneres Salzkammergut

Dauer: RW 5,5 km, 2 Std.
Wetter: Klassisches Wanderwetter; im Frühjahr kann hinterm Jainzenberg noch Schnee liegen.

Wanderwert für (Geschwister-) Kinder:	
2–3 Jahre:	Nicht geeignet. Wir empfehlen in diesem Alter eine Runde im Kaiserpark zu schlendern.
4–6 Jahre:	In diesem Alter empfehlen wir, nicht die Runde zu gehen, sondern den Wasserfall als Ziel zu nehmen, mit gleichem Rück- wie Hinweg. Beim Steig zum Wasserfall ist es nicht ungefährlich, bitte Acht geben. Hier gibt es auch ein Aussichtsbankerl, wo es sich gut jausnen lässt. Gehfreudige Kinder können schon den ganzen Weg gut wandern, da er sehr abwechslungsreich ist. Nur die Schlussstrecke entlang der Bundesstraße zieht sich etwas.
Kinderfahrrad:	Nicht geeignet.

Navi: 4820 Bad Ischl, Götzstraße 9
Anfahrt: *Von Linz A1 Abfahrt Regau, B145 Richtung Gmunden, Bad Ischl. Bad Ischl Zentrum abfahren. Weiter: siehe alle Richtungen
*Von Sbg. B158 Richtung St. Gilgen, Bad Ischl; nach dem Tunnel nach Bad Ischl abfahren. Weiter: siehe alle Richtungen
* Von Stmk. B145 Richtung Bad Aussee – Bad Ischl. Bei Bad Ischl Zentrum abfahren (vor dem Tunnel). Weiter: siehe alle Richtungen
⌂ alle Richtungen: Beim Kreisverkehr rechts ins Zentrum, nächste Straße oranges Schild „Parkplatz Kaiservilla" rechts.
Bus/Bahn: Von Sbg. mit Bus 150 bis Hst. Bad Ischl Bahnhof.
*Oder von Linz mit der Bahn nach Bad Ischl Bahnhof.
Vom Bahnhof stadteinwärts vorbei bei der Therme wandern. Nach der Therme rechts in die Kaiser-Franz-Josef-Str., danach rechts halten und nach 50 m links abbiegen auf „Am Rechensteg".
Ausgangspunkt/P: Parkplatz Kaiservilla
Infos/Gaststätten: *Parkbad Bad Ischl, Wildwasserkanal und Rutsche, externer Mutter-Kind-Bereich, Tel. +43 6132 26991, www.parkbad-badischl.at. *Kaiserpark, wunderschöner, alter, kinderwagentauglicher Park, Preise siehe www.kaiservilla.at.

 Inneres Salzkammergut

Wegbeschreibung Jainzen:

Am anderen Ende des Parkplatzes, von der Einfahrt aus gesehen, links halten. Hier ist der Eingang zur Kaiservilla, und gleich daneben geht es zum Parkbad. Den Durchgang zum Parkbad wählen, vorbei an den Radständern und an der kleinen Straße rechts halten.

Über den Parkplatz bis zum Rechensteg weiter gehen. Diesen überqueren, kurz durch den Wald und dann durchs „Kaiserdörfi" – es liegt neben dem Kaiserpark. Ab hier den Wegweisern „Rund um den Jainzen" folgen.

Nach dem Steilstück kommt man am verfallenen ehemaligen Gasthof Doppelblick vorbei. Für den Abstecher zum Hohenzoller Wasserfall beim Bauernhof geradeaus der Beschilderung folgen. Für den Hauptweg jedoch die Straße rechts weiter gehen.

❸ Der höchste Punkt ist am Ende der kleinen Ortschaft bei der Bergbauernschule erreicht, diese dient heute nur noch für den örtlichen Faschingsball. Bei der Bergbauernschule rechts der Beschilderung „Rund um den Jainzen" folgen. Es geht zunächst auf einem Flurweg über Wiesen und dann durch einen schattigen Wald neben dem Jainzenbach durch das ruhige Jainzental bis zu den ersten Häusern in Roith.

❹ Hier am besten der Beschilderung folgen. Es geht über Nebenstraßen und Wegerl bis zur Bundesstraße.

❺ Bei der Bundesstraße rechts halten. Von dort ist der Ausgangspunkt in 15 Minuten erreicht.

Inneres Salzkammergut

Abstecher Hohenzoller Wasserfall:
Vom Bauernhof geht es über einen holprigen Flurweg bergab bis zur Ortschaft Jainzen. Bei der Straße rechts weiter gehen und Ausschau halten nach der Abzweigung nach links zum Hohenzoller Wasserfall. Es geht zwischen Häusern durch, und oben beim letzten Haus kann der Kinderwagen kurz abgestellt werden. Kleine Stuferl und ein fast nicht zu erkennendes Schild daran weisen zum Wasserfall. Zu Fuß

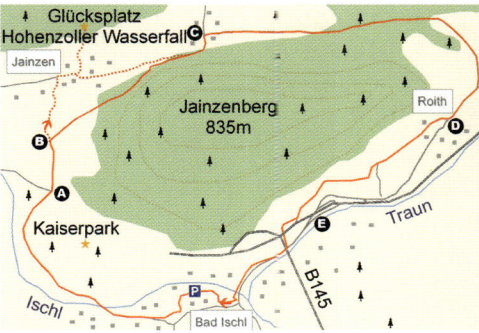

geht es über die Wiese und dann durch den Wald zum Wasserfall. Entweder gleicher Rück- wie Hinweg, oder um die Runde um den Jainzenberg fortzusetzen, die größere Jainzenstraße einfach weiterwandern.

Höhendifferenz: 125 m, Durchschn. Steigung: 4,9%

Im Fortsetzungsbuch „Abenteuer Natur Salzkammergut" geht's auf den Berg hinauf.

40 Rettenbach bei Bad Ischl
Höhe: ca. 860 m

Die Rettenbachalm ist ein weitläufiges Almtal mit zahlreichen Almhütterl durch das sich eine Forststraße schlängelt. Ein Teil des Weges führt entlang des Rettenbaches, der etwas unterhalb des Weges liegt. Immer wieder gibt es Stellen um zu den Bächen zu gelangen. Da der Weg weitgehend über offenes Gelände führt, ist Sonnenschutz unbedingt notwendig. Die Kühe und Pferde sind teilweise sehr anhänglich (siehe Anforderungen).

Wetter: ○   Anforderung: Dauer: 1 h

Anforderung:	Mittel; ebener Weg mit leichten Steigungen, zwei steile Passagen, großteils grober Schotterweg, geländegängiger Kinderwagen daher notwendig. Wenn auf der Niederalm Futterneid entsteht, können Kühe aggressiv werden. Besonders den frisch gekalbten Mutterkühen nicht zu nahe kommen!
Dauer:	RW 2,8 km, ca. 1 Std.
Wetter:	Jedes Wanderwetter und auch bei Nieselwetter. Offenes Gelände – Sonnenschutz.

Inneres Salzkammergut

Wanderwert für (Geschwister-) Kinder:	
2–3 Jahre:	Beeren, Pilze, Blumen zum Staunen; die Bäche entlang des Weges verlocken zum Steine und Stecken werfen. Es gibt immer wieder Stellen, wo man auch gut zum Wasser gelangt. Je nach Witterung können die Bäche auch reißend sein. Eine mögliche Motivation zum Weitergehen: „Brücken sammeln" – es gibt 4 davon. Für die ganze Runde nur mit Kinderwagen ausrücken oder nur bis zu einem Bach oder zu den Hütten wandern.
4–6 Jahre:	Siehe 2–3 Jahre; es gibt hier keine Schaukeln oder Hüpftrampoline, sondern Natur pur, d.h. Almwiesen, Hügel, Bäche – auf alle Fälle Pflaster und zweite Garnitur zum Umziehen mitnehmen. Wenn eure Kinder durch die zutraulichen Kühe erschrecken, Ruhe bewahren, niemals füttern (das verstärkt das aufdringliche Verhalten nur) und einen Stecken zur Hand nehmen.
Kinderfahrrad:	Nicht geeignet.

Navi: 4820 Bad Ischl, Rettenbach 74, Rettenbachalm.
Anfahrt: *Von Linz A1 Abfahrt Regau, B145 Richtung Gmunden, Bad Ischl, Bad Goisern. Abfahrt Bad Ischl Süd. Weiter: siehe alle Richtungen
*Von Sbg. B158 Richtung St. Gilgen, Bad Ischl, B145 Richtung Bad Goisern; Abfahrt Bad Ischl Süd. Weiter: siehe alle Richtungen
* Von Stmk. B 145 Richtung Bad Aussee – Bad Ischl. Abfahrt Bad Ischl Süd. Weiter: siehe alle Richtungen
alle Richtungen: weiter Richtung Bad Ischl Zentrum. Nach Gasthof „Bach Wirt" rechts einordnen – grünes Schild „Rettenbachalm". Der Beschilderung ca. 7 km bis zum großen Parkplatz in der Rettenbachalm folgen.
Bus/Bahn: Nicht geeignet.
Ausgangspunkt/P: großer P Rettenbachalm
Infos/Gaststätten: *Ghf. Rettenbachalm, entzückende Kinderhütte mit Rutsche, ganzj. geöff., Mi Ruhetag, Tel. +43 664 8810 7412, www.rettenbachalm.co.at.
*Linortner Hütte, Almhütte, urig, ab ca. 11 h geöff., wetterbedingt geöffnet. *beim Almabtrieb (erster Sa. im Okt.) sind mehrere Hütten geöff., TV www.badischl.at.

Inneres Salzkammergut

Wegbeschreibung Rettenbachalm:
Vom Ausgangspunkt die Forststraße weiter Richtung Rettenbachalm wandern. Nach der Brücke gegenüber dem Gasthof Rettenbachalm rechts in eine grob geschotterte Forststraße abbiegen. Die Runde wird gegen den Uhrzeigersinn gewandert. Bald führt eine weitere Brücke über den Rettenbach und der Weg wird etwas steiler. Hier wurde glatt unsere Jause von den Kühen aus dem Rucksack geklaut, während wir mit Walderdbeerpflücken beschäftigt waren. Nach weiteren 10 Min. Fußmarsch geht es kurz steil bergab. Am Ende des Hanges ist ein kleiner Wasserfall, und eine Brücke geht wieder über den Rettenbach. Der Weg schlängelt sich weiter über den Almboden, bis er (bei der Weggabelung links halten) in die besser präparierte Forststraße mündet. Vorsicht – es ist eine sehr beliebte Mountainbikestrecke. Auf der langen Geraden dann in ca. 10 Min. zu den Almhütten. Die Linortner Almhütte ist neben dem Gasthof Rettenbachalm die einzige bewirtschaftete Hütte. In weiteren ca. 10 Min. geht es weiter zum Gasthaus Rettenbachalm und zurück zum Ausgangspunkt.

41 Goiserer Figuren- und Sagenweg
Höhe: ca. 730 m

Dieser Weg ist landschaftlich wirklich spektakulär! Durch eine Felswand geschlagen, mit Tunneln und steilen Felswänden („Ewige Wand") und doch breit, eignet er sich ganz prima für Kinderwagen-SchieberInnen. Fein geschnitzte, künstlerische Fabelwesen und Tafeln mit Sagen begleiten den Weg. Unsere größeren Kinder liebten diesen Weg, die Sagen können von Erwachsenen schnell überflogen und dann gehend den Kindern weitererzählt werden. Kurz vor Ende des Weges lädt der Goiserer Lindwurm zu einer Rast in seiner Höhle ein. Nicht Schwindelfreie sollten hier umdrehen, denn ab nun geht's zwar auf breitem, aber ausgesetzem Weg weiter. Der Weg liegt auf der Sunn'seitn – bis in den Abend scheint die Sonne und auf der kinderfreundlichen Rathluka-Hütte kann man gemütlich den Tag ausklingen lassen.

Wetter:	Anforderung:	Dauer: ½ h

Anforderung:	Mittel; mittlere Steigungen, teilw. holprige Stellen, der Weg ist gut ausgebaut und breit. Nach dem Goiserer Lindwurm im letzten Drittel des Weges nur mehr für Schwindelfreie mit Bergerfahrung geeignet. Kinderwagen sichern und gehende Kinder an der Hand führen!

Dauer:	1,3 km, 30 Min. eine Strecke.
Wetter:	Klassisches Wanderwetter; im Winter bei geringer Schneelage begehbar.

Wanderwert für (Geschwister-) Kinder:	
2–3 Jahre:	Aufgrund der Kürze bis zum Lindwurmloch geeignet. Wir empfehlen, in diesem Alter dort umzudrehen oder Kinder gut zu sichern. Bis zum Lindwurmloch gibt es 4–5 Sagen. Bei der Rathlucka-Hütte gibt es einen kleinen Spielplatz mit Trampolin und Wellenrutsche, der von der Terrasse aus gut gesehen werden kann. Bei Regen gibt es auch in der Hütte Bücher und Spielsachen für Kinder.
4–6 Jahre:	Siehe 2–3 J.; bevor es durch die Ewige Wand geht, empfehlen wir, den Kindern wichtige Verhaltensregeln für den weiteren Weg einzuschärfen. Hand geben und an der Wandseite gehen! Aufregend und spannend ist der weitere Weg. Im Winter sieht die Lindwurmhöhle besonders toll aus mit Eiszapfen.
Kinderfahrrad:	Nicht geeignet.

Navi: 4822 Bad Goisern, Wurmstein 2
Anfahrt: *Von Linz A1 Abfahrt Regau, B145 Richtung Gmunden, Bad Ischl, Bad Goisern. Weiter: siehe alle Richtungen
*Von Sbg. B158 Richtung St. Gilgen, Bad Ischl. Nach dem Tunnel in Bad Ischl weiter auf B145 Richtung Bad Goisern. Weiter: siehe alle Richtungen
*Von Stmk. B145 Richtung Bad Aussee, Bad Goisern. Weiter: siehe alle Richtungen
⌘ alle Richtungen: Bei Bad Goisern beim Kreisverkehr Richtung Lasern, Wurmstein abbiegen. Dem Straßenlauf 4,5 km folgen Richtung Berghof Predigstuhl (grünes Schild). Nach dem Wildgehege links, immer den Wegweisern zur Rathlucka-Hütte folgen.
Bus und Bahn: Nicht geeignet.

Ausgangspunkt/P: P Rathlucka-Hütte

Infos/Gaststätten: *Rathlucka-Hütte, Spezialität Heidelbeerpofesen, sonnige Terrasse, Wickeltisch, Tel. +43 6135 6293, www.rathlucka-huette.at, Mo, Di Ruhetag. *TV www.badgoisern.at.

 Inneres Salzkammergut

Wegbeschreibung Goiserer Sagenweg:
Vom P die Straße ein paar Meter wieder retour gehen und in der Kurve links auf das Schotterwegerl einbiegen. Hier am Waldrand beginnt der Sagenweg mit der ersten Figur, die im Sommer ein wenig überwuchert sein kann. Bis zum Lindwurmloch sind es ca. 700 m durch den Wald. Ab hier ist der Weg in zwei Tunnels ca. 100 m durch die Felswand „Ewige Wand" geschlagen. Der zweite Tunnel ist beleuchtet. Nach der Wand gibt es noch einen kleinen Jausenplatz – der leider nur über ca. 7 Stufen zu erreichen ist. Bitte niemals den Kinderwagen mit Kind an abschüssiger Stelle unbeaufsichtigt abstellen, siehe auch unter „Sicherung" im Einleitungstext des Buches. Gleicher Rück- wie Hinweg.

42 Aufs Hütteneck   Höhe: 1240 m
& Ausflugsziel Halleralm   Höhe: 850 m

Hütteneck und die Halleralm bieten den unverwechselbaren Biedermeier-Dachsteinblick, den schon der Maler Ferdinand Georg Waldmüller (1838) hier verewigt hat. Die sehr kinderfreundliche Halleralm ist ein beliebtes Ausflugsziel. Der Garten ist ideal zum Toben und Kraxeln. Lausbuben- und -mädchenschrammen sind garantiert, daher vorsorglich einmal das Pflaster einpacken. Wer weiter hinauf auf das Hütteneck möchte, sollte sich schinden wollen. Vor allem das letzte Drittel ist mit Kinderwagen extrem anstrengend und steil. Oben gibt es aber einen netten Spielplatz, Ziegen und Berg Go Carts. Für die Kaiserin wurde ein Aussichtssalettl bei der Alm gebaut und unter den riesigen alten Kastanien weht ein laues Lüftchen den Duft des Häferlkaffees heran – entzückend.

Wetter:	Anforderung:	Dauer: 1 h

Anforderung: **Halleralm:** Direkte Zufahrt;
                    Hütteneck: Schwer; ⅔ leicht bis stetig steigende
                    Forststraße, letztes Drittel steiler Wadelbeißer –
                    Bergschuhe für guten Halt und Sicherungsband für
                    den Abstieg notwendig.

Dauer:	Halleralm: direkte Zufahrt. Hütteneck: 2,4 km, 1 Std. eine Strecke.
Wetter:	Klass. Wanderwetter, im Winter beliebte Schlittenstrecke vom Hütteneck (Öffnungszeiten siehe Info).

Wanderwert für (Geschwister-) Kinder:	
2–3 Jahre:	Die Halleralm als Ausflugsziel zu nehmen, ist für dieses Alter ideal. Enten paddeln im Teich und die zum Nachbarn gehörenden Pfaue laufen in der Ortschaft Pichlern frei herum. Garten mit Steinschwammerl, Brunnen zum Plantschen, Steine zum Klettern, ein „klasser" Spielplatz.
4–6 Jahre:	Siehe u. 2–3 Jahre; das Gasthaus Hütteneck ist sehr kinderfreundlich mit Spielplatz, Streicheltieren und Berg Go Carts, dennoch ist der Anstieg über die Forststraße langwierig und sehr steil. Hütteneck daher nur für Gehfreudige geeignet.
Kinderfahrrad:	Nicht geeignet.

Navi: 4822 Bad Goisern, Pichlern

Anfahrt: *Von Linz A1 Abfahrt Regau, B145 Richtung Gmunden, Bad Ischl, Bad Goisern. Nach Bad Goisern, am Ende der Ortschaft St. Agatha, nach der Tankstelle nach links abbiegen (Schild Halleralm od. Hütteneck). Weiter: siehe alle Richtungen
*Von Sbg. B158 Richtung St. Gilgen, Bad Ischl, nach dem Tunnel weiter auf B145 Richtung Bad Goisern. Nach Bad Goisern am Ende der Ortschaft St. Agatha, nach der Tankstelle nach links abbiegen (Schild Halleralm od. Hütteneck). Weiter: siehe alle Richtungen
*Von Stmk. B145 Richtung Bad Aussee, Bad Goisern. Nach dem Pötschen bei **St.** Agatha vor der Tankstelle rechts abbiegen (Schild Halleralm od. Hütteneck). Weiter: siehe alle Richtungen

⚐ alle Richtungen: Den Wegweisern folgen. Nach ca. 3 km Abzweigung nach rechts zur <u>Halleralm</u> (Beschilderung). Zum <u>Hütteneck</u> hier bei der Abzweigung links halten. Nach 2 km in der Rechts-Kehre und Abzweigung nach links zum Gasthaus Hütteneck am Straßenrand parken, Parkplatz Hütteneck.

Ausgangspunkt/P: *Hütteneck: 2 km nach Halleralmabzweigung Parkmöglichkeit in der Rechts-Kehre der Forststraße. *Halleralm: Direkte Zufahrt.
Bus/Bahn: Nicht geeignet.

Infos/Gaststätten: Alpengasthof Hütteneck, Häferlkaffee und köstliche selbstgem. Mehlspeisen, schattiger Gastgarten, Ziegen, Spielplatz, Sandkiste mit Spielzeug, Mo, Di Ruhetag, Mai–Okt., Tel. +43 6135 21456, im Winter rasante Rodelabfahrt, Öffnungszeiten im Winter siehe www.huetteneckalm.at. *Halleralm, Tel. +43 6135 8122, Ruhetage: Mo, Di, ganzjährig geöffnet, Betriebsurlaube werden aber beim Schild an der Bundesstraße angeschrieben.

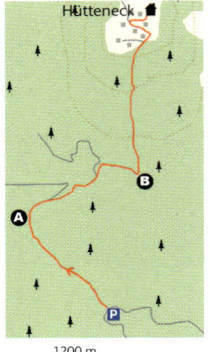

Wegbeschreibung Hütteneck (Karte):
In der Rechts-Kehre links die Forststraße weiter Richtung Hütteneck wandern. Vorbei beim meist geöffneten Schranken ist der Weg gut beschildert, bzw. einfach immer bergauf dem Forststraßenverlauf folgen.

Variante ab Halleralm:
(Verlängerung um 2 km, ca. 1 Std.) Vom Parkplatz bei der Halleralm die Straße wieder zurückgehen bis zur Weggabelung. Hier die Straße rechts bergauf wandern. Nach 2 km siehe Wegbeschreibung Hütteneck.

Höhendifferenz: 258 m, Durchschn. Steigung: 13,4%

43 Hallstättersee-Ostufer Wanderweg

Der Seeweg und auch die Bahntrasse führen das gesamte Ostufer des Hallstätter Sees entlang. Wir haben den schönsten Abschnitt ausgewählt, von Obersee (liegt ungefähr auf der Hälfte des Ostufers) bis zum Bahnhof Hallstatt. Einzigartig: Der Bahnhof liegt nicht in Hallstatt, sondern am gegenüberliegenden Ufer und ist von dort nur mit dem Schiff erreichbar. Dieser Seeweg hat eine spektakuläre Passage entlang von Felswänden, mit Eisensteg und Hängebrücke. Großteils geht's jedoch über Wiesen, durch schattigen Wald und zu netten Platzerln am See.

Wetter:	Anforderung:	Dauer: 1 h

Anforderung: Leicht – mittel; geschotterter Spazierweg, mit leichten Steigungen; die Eisenstege sind mit rutschfesten Gummimatten belegt; der Weg teilt sich in zwei Varianten:
Radweg Variante: Forstweg, kurze, steile, aber asphaltierte Passage.
„Gut-Glück"-Variante: zwei extrem enge Passagen und 5 Stufen, siehe unter Wegbeschreibung.

Dauer: Obersee bis Bhf. Hallstatt: 3 km, 1 Std. eine Strecke; Verlängerung bis Obertraun weitere 2 km, 1 Std. möglich.

Inneres Salzkammergut

Wetter: Klassisches Wanderwetter, bei Eis ist der Weg gesperrt. Da der Stahlsteg mit rutschfesten Matten ausgelegt ist, ist der Weg auch bei Nieselwetter gut begehbar.

Wanderwert für (Geschwister-) Kinder:	
2–3 Jahre:	Aufgrund der Länge weniger empfehlenswert, außer für Kinder, die gerne im Wagerl sitzen – Buggy-geeignet; evtl. Teilstrecke, weil der Weg sehr schön ist. Siehe u. 4–6 J. Beim Ghf. Seeraunzn in Obersee, dem Ausgangspunkt gibt es zwar keinen Spielplatz, aber eine schöne Wiese mit Seezugang. Der See ist sehr kalt. Zum Baden eher ins frei zugängliche Seebad in Obertraun, hier ist der See wärmer und das Bad ist nett für Kinder.
4–6 Jahre:	Siehe 2–3 J.; Attraktionen: Stahlstege und die Hängebrücke über den Wehrgraben, vorbeifahrende Züge, im ersten Drittel immer wieder Möglichkeiten um zum See zu gelangen, Rückfahrt mit dem Schiff möglich (siehe unter Infos).
Kinderfahrrad:	Nur für Geübte (siehe Anforderung), der Steg und die Hängebrücke sind gut befahrbar.

Navi: 4822 Bad Goisern, Obersee 41
Anfahrt: *Von Linz A1 Abfahrt Regau, B145 Richtung Gmunden, Bad Ischl, Bad Goisern. Nach Ortschaft St. Agatha rechts beim Schild Seeraunzn. Weiter: siehe alle Richtungen
*Von Sbg. B158 Richtung St. Gilgen, Bad Ischl, nach dem Tunnel weiter auf B145 Richtung Bad Goisern. Nach St. Agatha rechts beim Schild Seeraunzn. Weiter: siehe alle Richtungen
*Von Stmk. B145 Richtung Bad Aussee, Bad Goisern. Nach dem Pötschenpass, vor Ortsschild St. Agatha links nach Obersee abfahren. Weiter: siehe alle Richtungen
⌂ alle Richtungen: ca. 4 km der Beschilderung zur Seeraunzn in Obersee folgen.
Bus/Bahn: *Von Sbg. mit dem Bus 150 bis Bad Ischl Bahnhof und weiter mit der Bahn bis Hst. Obersee.
*Von Linz mit der Bahn über Attnang-Puchheim, Bad Ischl bis Hst. Obersee.
Ausgangspunkt/P: P bei Uferwirt Seeraunzn
Bus/Bahn: -

Inneres Salzkammergut

Infos/Gaststätten: *Uferwirt Seeraunzn in Obersee, sonnige Terrasse mit Blick auf Hallstatt, Schiffsanlegestelle, Tel. +43 676 4331263, Mai–Ende Okt. bei Schlechtwetter geschl., www.seeraunzn.at. *Hallstättersee-Schifffahrt, Tel. –43 6134 8228, nur bedingt möglich, Infos dazu siehe www.hallstattschifffahrt.at. -der Zug fährt alle 2 Std..

Wegbeschreibung Hallstättersee-Ostufer Wanderweg:
Beim Gasthaus Seeraunzn in Obersee Richtung See gehen und diesen entlang wandern. Der See liegt nun rechts. Es geht anfangs über Wiesen. Nach ca. 20 Min. kann man zwischen zwei Varianten wählen:

„Gut-Glück"-Variante: Diese Variante beinhaltet zwei Stellen (ca. 15 m und ca. 30 m lang), wo wirklich kein aneinander Vorbeikommen möglich ist. Die meisten Einheimischen aber versuchen hier ihr Glück auch mit dem Kinderwagen und hoffen ganz fest, dass niemand mit eben so einem entgegen kommt. Sonst muss man einige Meter wieder retour. Die Strecke ist aber sehr viel abwechslungsreicher. Streckenbeschreibung: Zuerst geht's normal breit weiter, dann weist ein Schild nach links „Ostufer Wanderweg". Nun folgt die erste enge Passage bergauf. Dann geht's ca. ½ km oberhalb von Häusern weiter. Nach der zweiten engen Passage geht es schattig durch den Wald am See entlang. Am Ende sind 5 Stufen zu bezwingen und beide Varianten stoßen wieder zusammen.

Radvariante: Vom Wanderweg zweigt ein Schild nach links zur nicht so attraktiven Radvariante über den Forstweg, der sich nach ca. 1,8 km wieder mit dem Fußweg vereint. Am Ende geht es steil, jedoch auf Asphalt bergab und beide Varianten verbinden sich wieder.

Weitere Wegführung für beide Varianten: Kurz nach dem Zusammentreffen beider Varianten geht es ca. 10 Minuten über die aufregende Stegpassage und die Hängebrücke. Danach hat man in weiteren 10 Minuten den Bahnhof und die Schiffsanlegestelle von Hallstatt erreicht. Entweder gleicher Rück- wie Hinweg oder mit dem Schiff retour. Wer möchte kann den Weg bis Obertraun weiter wandern.

44 RW Gosausee

Für diese landschaftlich imposante Tour sollte mindestens ein halber Tag eingeplant werden. Bei schönem Wetter thront der Dachsteingletscher fast wie im Bilderbuch über dem Gosausee. Ein wunderbarer Anblick. Der geschotterte Rundweg führt leicht oberhalb des Gosausees um den See herum. Es gibt immer wieder Möglichkeiten zum Ufer zu gelangen, Baden ist jedoch ob der Kälte wirklich nur etwas für Hartgesottene. Für Kinder gibt es einen interessanten Wasserlehrpfad und am Ende der Wanderung wartet eine urige Almwirtschaft mit einer guten Jause.

Wetter:	Anforderung:	Dauer: 1½ h
Anforderung:	Leicht; geschotterter ebener RW; nur der Weg vom P geht asphaltiert 150 m steil bergauf.	
Dauer:	RW: 4,4 km, ca. 1½ Std.	
Wetter:	Klassisches Wanderwetter.	

Inneres Salzkammergut

Wanderwert für (Geschwister-) Kinder:	
2–3 Jahre:	Gleich am Anfang des Rundweges gibt es einen Brunnen, der mit Hilfe von Rohren und Wasserrädern den See mit seinen Kraftwerken für Kinder begreifbar macht. Für Kleinere einfach ideal zum Plantschen. Gesamter Rundweg eher zu weit – oder nur mit Buggy oder Rückentrage. Es gibt 2–3 Stellen, wo man auch mit dem Kinderwagen gut zum See kommt; breite Kiesbänke mit leichtem Gefälle, ev. Kinderwagen am Wegrand parken. Unbedingt Proviant mitnehmen.
4–6 Jahre:	Siehe 2–3 J.; Wasserlehrpfad am Rundweg; am hinteren Ende gehen kleine Wegerl (nicht für Kinderwagen) zum Ufer des Sees, wo Felsbrocken (Findlinge) zum Klettern anregen; Ende Juli und im August Heidelbeeren am rechten Seeufer – Achtung Schlangen!
Kinderfahrrad:	Je nach Ausdauer ist der ganze RW gut geeignet, da keine Steigungen, außer vom Parkplatz zum AP.

Navi: 4825 Gosau, Vorderer Gosausee
Anfahrt: Von Linz A1 Abfahrt Regau, B145 Richtung Gmunden, Bad Ischl, Bad Goisern. Nach Bad Goisern abfahren auf B166 Richtung Hallstatt, Gosau. Weiter: siehe alle Richtungen
*Von Sbg. A10 Richtung Villach. Ausfahrt Golling, kurz auf B159 Richtung Golling, weiter B162 Richtung Rußbach, B166 Richtung Gosau. Weiter: siehe alle Richtungen
*Von Stmk. B145 Richtung Bad Aussee, Bad Goisern. Bei Bad Goisern weiter auf B166 Richtung Hallstatt, Gosau. Weiter: siehe alle Richtungen
🅿 alle Richtungen: Der Beschilderung bis zum Gosausee folgen. Gebührenfreier P direkt unterhalb der Gondelbahn zur Zwieselalm (letzte Parkmöglichkeit).
Bus/Bahn: Von Sbg. mit Bus 150 bis Bad Ischl Bahnhof. Weiter mit Bus 542 bis Gosausee.
*Von Linz/Stmk. mit Bahn nach Steeg-Gosau. Weiter mit dem Bus 542 bis Gosausee.

Ausgangspunkt/P: Vom Parkplatz geht es ca. 150 m steil bergauf zum Gasthof Gosausee und zum See.

Infos/Gaststätten: *Ghf. Gosausee, Tel. +43 6136 8514, www.gasthof-gosausee.at. *Seeklausalm, Tel. +43 6136 8407, Mitte Mai – Ende Sept. *Bootsvermietung beim Kiosk am See (Juli – Anfang Sept.).

Inneres Salzkammergut

Wegbeschreibung RW Gosausee:
Zuerst geht es vom Parkplatz schnaufend bergauf zum Gasthof Gosausee. Während sich die schon mobilen Kleinen vielleicht bei der ersten Station des Wasserlehrpfades beschäftigen, können wir innehalten und den grandiosen Blick genießen. Hier befindet sich auch der Bootsverleih, wo Elektroboote gemietet werden können. Wir empfehlen, den Rundweg im Uhrzeigersinn zu gehen, da die linke Seite des Sees – im Gegensatz zur rechten – sehr sonnig ist. Nach etwa 30 Min. ist ein Teil des Weges in die Felswand geschlagen. Im hinteren Bereich des Sees kommt eine Weggabelung zum Hinteren Gosausee. Hier rechts halten, um den Vorderen Gosausee zu umrunden. Nach einer guten Viertel-Stunde durch den Wald führt der Weg über einen kleinen Bach und es gibt eine Station des Wasserlehrpfades. In diesem Bereich kann das Seeufer gut mit dem Kinderwagen erreicht werden. Auf dieser Seite des Sees liegt der Weg meistens im schattigen Wald. Gegen Ende der Umrundung kommt man noch bei der Seeklausalm vorbei, eine nette, kleine, bewirtschaftete Almhütte.

45 Zwieselalm
Höhe: ca. 1475–1580 m

kö

Kühe und Pferde weiden auf den weichen Almböden, die im krassen Gegensatz zum schroffen Gosaukamm und dem Dachsteingletscher im Hintergrund stehen. Oben finden sich Almhütten für jeden Geschmack. Die Gablonzerhütte und die Sonnenalm sind schnell erreicht. Etwas anspruchsvoller und steiniger geht es zur Zwieselalm-Hütte. Ein besonderer Service, um den Platzanspruch in den engen Gondeln gering zu halten: oben bei der Bergstation stehen kostenlos Offroad-Kinderwagen zum Ausborgen zur Verfügung.

Wetter:	Anforderung:	Dauer: ¾ h

Anforderung:	Schwer; nur für Bergerfahrene; breite Spazierwege, aber teilw. holprig und oft steil. Bergschuhe für guten Halt („Sommer-hoi" = eisig); Sicherungsband zum Bergabgehen mitnehmen; Drehkreuze zum Herausheben. Stufen bei Gondel.
Dauer:	Je eine Strecke: Zwieselalm: 2 km, ¾ Std., davon Gablonzerhütte: 10 Min., Sonnenalm: 20 Min.;
Wetter:	Schönes Bergwetter.

Wanderwert für (Geschwister-) Kinder:	
2–3 Jahre:	Gondelfahrt! Zum Wandern evtl. nur die kurze Strecke bis zur Gablonzerhütte oder Sonnenalm gehen. Bei der Gablonzerhütte gibt es weiter unterhalb einen Teich – wie bei allen Wasserzugängen Kinder bitte unbedingt beaufsichtigen!
4–6 Jahre:	Siehe 2–3 J.; Wir waren früher mit unserer Urli-Oma Kräuterpflücken: „Kudlkraut" (wilder Thymian) duftet kräftig und hilft bei Husten. Im Juni blühen die Butterbinkal (Trollblumen). Im Juli ist alles „pink" mit dem berühmten Almrausch. Blumen- und Kräuterbücherl einstecken.
Kinderfahrrad:	Nicht geeignet.

Navi: 4825 Gosau, Vorderer Gosausee
Anfahrt: *Von Linz A1 Abfahrt Regau, B145 Richtung Gmunden, Bad Ischl, Bad Goisern. Nach Bad Goisern abfahren auf B166 Richtung Hallstatt, Gosau. Weiter: siehe alle Richtungen
*Von Sbg. A10 Richtung Villach. Ausfahrt Golling, kurz auf B159 Richtung Golling, weiter B162 Richtung Rußbach, B166 Richtung Gosau. Weiter: siehe alle Richtungen
*Von Stmk. B145 Richtung Bad Aussee, Bad Goisern. Bei Bad Goisern weiter auf B166 Richtung Hallstatt, Gosau. Weiter: siehe alle Richtungen
🚗 alle Richtungen: Der Beschilderung bis zum Gosausee folgen. Gebührenfreier P direkt unterhalb der Gondelbahn (letzte Parkmöglichkeit).
Bus/Bahn: Siehe Wanderung «44 Gosausee».

Ausgangspunkt/P: Vom P geht es ca. 150 m steil bergauf zur Gosaukammbahn. Viertelstündige Bergfahrt. Bergstation: AP

Infos/Gaststätten: Zwieselalm-Hütte (1470 m), 300 Jahre alt und urig, Pferde, neben dem Kanonenrohr – schwarze Abfahrtsstrecke, Tel. +43 6136 8389, 15.6.– Ende Sept.. *Gablonzer Hütte (1520 m), mit Teich und Schaukel, ÜN-Möglichkeit, Tel. +43 6136 8465, www.gablonzerhuette.at. *Sonnenalm (1580 m), barrierefrei, Terrasse, Tel. +43 664 5445697.

Wegbeschreibung Zwieselalm:

Gleich nach der Bergstation der Gosaukamm-Bahn das Drehkreuz herausnehmen, um mit dem Kinderwagen durchmarschieren zu können. Es geht steil bergauf, bis nach ca. 5 Minuten die Gablonzerhütte erreicht ist. Den Wegweisern zur Zwieselalm folgen. Nach 10 Minuten kommt die Weggabelung, um links zur Sonnenalm oder rechts weiter zur Zwieselalm-Hütte zu wandern. Die Sonnenalm ist nach steilen 10 Minuten erreicht. Wer bei der Weggabelung zur Zwieselalm über den Jägersteig weiterwandert, sollte gleich das Sicherungsband an den Kinderwagen anbinden. Es geht steil und holprig bergab bis zum nächsten Drehkreuz (20 Minuten). Danach geht es weniger steil in ca. 10 Minuten zur Zwieselalm (drittes Drehkreuz). Gleicher Rück- wie Hinweg – retour kommt man ganz schön ins Schwitzen, jetzt geht es steil bergauf.

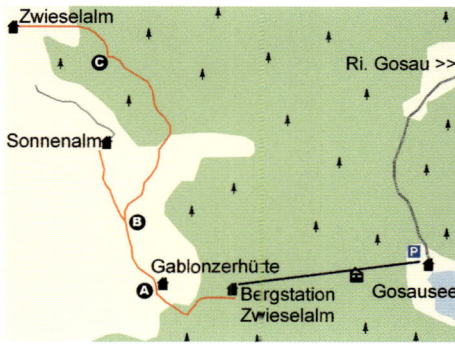

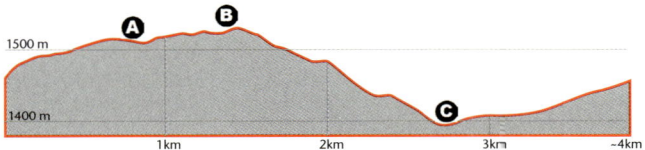

Höhendifferenz: 158 m, Durchschnittl. Steigung: 15 %

46 Zum Heilbronner Kreuz und die „FiveFingers" am Krippenstein Höhe: ca. 205

Der Krippenstein ist eines unserer höchstgelegenen Kinderwagenziele in hochalpinem Gelände. Hier oben kommt man sich vor, wie auf einem anderen Planeten, die Landschaft ist rau und schroff. Darüber thront beeindruckend der Dachstein mit seinem Gletscher. Die Gondelfahrt ist teuer, die zwei Wege sind diese aber auf alle Fälle wert: Der Karstlehrpfad zum Heilbronner Kreuz ist ein längerer, beeindruckender Weg, der am besten mit Trage bewältigt wird. Für Familien, die gerne wandern, ist diese Tour ein Muss! Der kurze, auch bei Touristen beliebte Weg zu den „FiveFingers" führt in hochalpinem Gelände zu einer spektakulären Metallkonstruktion in Form von 5 Fingern. Sie ragt über einen 400 m tiefen Abgrund und bietet eine unvergleichliche Aussicht auf die Weltkulturerberegion.
Nicht vom Weg abweichen – es gibt Dolinen (=Höhlen im Boden)! Ausrüstung siehe auch u. Anforderung.

 Inneres Salzkammergut

Wetter:	Anforderung:	Dauer: ½–3 h

Anforderung:	Hochalpines Gelände: Gutes Schuhwerk, Abwägen, ob euer Kind Gondelfahrten verträgt (siehe im Einleitungstext unter „Gondelfahrt").
	Karstlehrpfad zum Heilbronner Kreuz: Schwer; Wir haben den Weg mit einem Kinderwagen getestet, können ihn aber nur mit Trage empfehlen. Auch im Juli können noch Schneefelder zum Überqueren sein. Wegbeschaffenheit: Schotterweg mit steinigen Passagen, anfangs ca. 200 m Skipiste. Bis zum Heilbronner Kreuz leicht bis mittel, danach immer wieder steilere Passagen bergab.
	FiveFingers: Mittel, geschotterter Spazierweg; erstes Steilstück ca. 150 m, danach geht es mäßig bergab; geländetauglicher Kinderwagen mit Bremse notwendig, Sicherungsband einpacken;
Dauer:	FiveFingers: 1 km, ½ Std. eine Strecke.
	Karstlehrpfad zum Heilbronner Kreuz, RW: 6,5 km, 3 h reine Gehzeit. Abfahrtszeiten der Gondeln beachten.
Wetter:	Reine Schönwettertouren, Wetterbericht beachten! Sonnenschutz, auch im Sommer eine leichte Haube und warme Kleidung einpacken.

Wanderwert für (Geschwister-) Kinder:

| 2–3 Jahre: | Gondelfahrten sind oft ein Erlebnis für die Kleinen. Bei der Bergstation Krippenstein starten bei gutem Wetter auch viele Paragleiter. Gut auf Kinder Acht geben, auch wenn die Wege gut gesichert sind, führen die Wege über hochalpines Gelände! |

4–6 Jahre:	Siehe 2–3 J.; Unsere Felicitas hat den Heilbronnerweg gut gemeistert (4 Jahre), dennoch ist die Länge eine Herausforderung. Es geht meist bergab, nur wenig Steigungen. Der Weg und alleine die Umgebung ist spannend. Kuhtrittmuscheln können bewundert werden, und Infotafeln über Flora, Fauna, Karst säumen den Weg. Fünf Minuten dauert ein Abstecher zur kleinen Krippensteinhöhle. Besonders im Juli blühen zahlreiche Blumen, wie Enzian und Alpenrose. Nicht vergessen: ins Gipfelbuch beim Heilbronner Kreuz eintragen. Ein Höhepunkt sind natürlich die FiveFingers. Auch hier gibt es einen Alpenlehrpfad; Zusatztipp: Die Eishöhlen und die Mammuthöhle sind einen Besuch wert (www.dachsteinwelterbe.at). Dazu bei der Bergstation der Teilstrecke I aussteigen.
Kinderfahrrad:	Nein.

Navi: 4831 Obertraun, Winkl 34
Anfahrt: *Von Linz A1 Abfahrt Regau, B145 Richtung Gmunden, Bad Ischl, Bad Goisern. Weiter: siehe alle Richtungen
*Von Sbg. B158 Richtung St. Gilgen, Bad Ischl. Nach dem Tunnel weiter auf B145 Richtung Bad Goisern. Weiter: siehe alle Richtungen
*Von Stmk. B145 Richtung Bad Aussee, Bad Goisern. Weiter: siehe alle Richtungen
⌂alle Richtungen: Bei Bad Goisern weiter auf B166 Richtung Hallstatt, Obertraun. Den Wegweisern bis Obertraun, Dachstein Welterbe Seilbahn folgen.
Bus/Bahn: *Hst. Obertraun Dachsteinseilbahn.
Ausgangspunkt/P: Beide Wege: Bergstation Krippenstein Seilbahn Teilstrecke II.

Inneres Salzkammergut

Infos/Gaststätten: *Lodge am Krippenstein, ca. 10 Stufen führen hinauf ins Restaurant, Nähe Bergstation, Tel. +43 664 3804054. *Gjaid Alm, Ence Heilbronnerweg: ca. 10–15 Min. nach der Seilbahnstation Gjaid Alm, urige Almhütte, Tel. +43 680 3253138. *Seilbahn geöff. Mai–Ende Okt., 8.40–17.10 h, Preise und Infos zur Schneelage siehe www.dachstein-salzkammergut.com. *Krippenstein Tel. +43 50140. *Begehbar je nach Schneelage ab Mitte bzw. Ende Mai–Anfang Okt..

Wegbeschreibung:

Je nach Tour empfehlen wir früh zu starten, um für die Rückfahrt die letzte Gondel zu erreichen. Bitte auch gleich die letzten Abfahrtszeiten dieser einplanen. Mit der Seilbahn geht es in zwei Etappen auf den Krippenstein. Bei der Bergstation können mit Hilfe eines Stiegenliftes barrierefrei die Stiegen bezwungen werden, um auf den Boden des Krippensteins zu gelangen. Schneller geht es, wenn dir jemand beim Hinuntertragen hilft.

Wegbeschreibung Karstlehrpfad zum Heilbronner Kreuz:

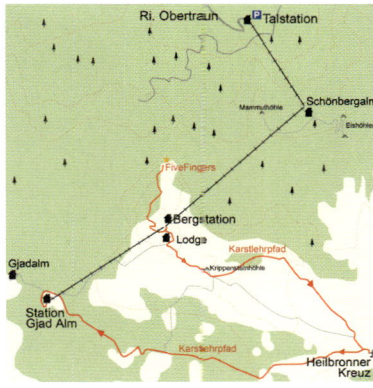

Den gelben Schildern Karstlehrpfad, bzw. Heilbronner Kreuz folgen. Nach der Bergstation (2070 m) führt der Weg links, unterhalb der Lodge die Skipiste hinunter. Wer diese ca. 200 m lange Passage meistert, ist für den Rest des Weges gerüstet. Nach ca. 20 Minuten kommt eine Abzweigung zur Krippensteinhöhle. Wer will kann einen kurzen Abstecher zu dieser kleinen Höhle unternehmen. Nach ca. 1,5 Std. ist das Heilbronner Kreuz (1959 m) erreicht. Ab nun den Schildern zur Gjaid Alm folgen. Nach ca. 1,5 Std. kommt man zur Talstation Gjaid Alm (1760 m). Am besten den Weg um die

Inneres Salzkammergut

Station herum nehmen, der direkte Weg ist zu steil. Von hier geht es mit der Gondel wieder zurück zur Krippenstein Bergstation. Wenn noch Zeit bis zur letzten Seilbahnfahrt übrig ist, kann vorher noch ein Abstecher zur bewirtschafteten Gjaidalm unternommen werden.

Wegbeschreibung „FiveFingers":
Der Weg ist gut gekennzeichnet und geht nach der Bergstation oberhalb der Lodge nach rechts weiter. Nach ca. 100 m wird die erste Aussichtsplattform „WeltNATURerbe Blick" erreicht. Etwas später beginnt die 150 m lange, steilere Passage. Nach zwei Serpentinen ist der höchste Punkt des Weges erreicht. Bis zu den „FiveFingers" geht es stetig bergab. Gleicher Hin- und Rückweg.

Schneefelder im Juli am Karstlehrpfad

47 Koppenwinkl in Obertraun

kö

Steter Tropfen höhlt den Stein – und so wurde auch der ganze Gebirgsstock um das Naturschutzgebiet „Koppenwinkl", ein romantischer Kessel unterhalb des Dachsteinmassivs, durch das Wasser geformt. Besonders eindrucksvoll sind die Bäche nach Regenfällen und zur Schneeschmelze. Ein Themenweg gibt Infos über das frühere Leben im Salzkammergut und bei der kleinen Koppenwinkllack'n liegt ein Glücksplatz. Ein sehr empfehlenswerter Weg und nicht überlaufen.

Wetter: Anforderung: Dauer: ½–1¼ h

Anforderung:	Bis zur Koppenwinklalm leicht; keine Steigungen, guter Buggy-geeigneter Schotterweg. Nach der Alm holprig mit mittleren Steigungen.
Dauer:	Bis zu den Bächen 1 km, ca. 30 Min. Verlängerung RW zusätzlich: 3 km, 1¼ Std..
Wetter:	Klass. Wanderwetter; auch bei Nieselwetter gut geeignet; ab Okt. sehr schattig und kühl. Bei und nach Regen sind die Holzbrücken rutschig und der Weg erschwert passierbar.

Pfad zur Quelle des Bühlerbaches

Wanderwert für (Geschwister-) Kinder:	
2–3 Jahre:	Wir empfehlen, in diesem Alter nur bis zur Koppenwinklalm zu wandern. Idyllische Platzerl zum Jausnen und Steckerl werfen bei der sehr seichten Koppenwinkllack'n, die manchmal austrocknet.
4–6 Jahre:	Siehe 2–3 Jahre; Je nach Wasserstand sind die Bäche ideale Naturspielplätze. Unbedingt den Weg zur Quelle des Bühlerbaches wandern. Hier ist es vor allem zur Schneeschmelze tosend laut. Für gehfreudige Kinder ist der Rundweg abwechslungsreich: die Traun wird über einen Steg überquert und ein netter Spielplatz liegt etwa bei der Hälfte des Weges.
Kinderfahrrad:	Bis zur Koppenwinklalm geeignet.

Navi: 4831 Obertraun, Obertraun 123
Anfahrt: *Von Linz A1 Abfahrt Regau, B145 Richtung Gmunden, Bad Ischl, Bad Goisern. Nach Bad Goisern weiter auf B166 Richtung Hallstatt, Obertraun. Bei Obertraun weiter Richtung Bad Aussee, nach der Traunbrücke P beim Ghf. Koppenrast.
*Von Sbg. B158 Richtung St. Gilgen, Bad Ischl. Nach dem Tunnel weiter auf B145 Richtung Bad Goisern. Nach Bad Goisern weiter auf B166 Richtung Hallstatt, Obertraun. Bei Obertraun weiter Richtung Bad Aussee, nach der Traunbrücke P beim Ghf. Koppenrast.
*Von Stmk. B145 Richtung Bad Aussee. Bei Bad Aussee Süd Richtung Obertraun abfahren und dann ca. 6 km durch das Koppental bis zum Ghf. Koppenrast.
Bus/Bahn: Hst. Obertraun Koppenbrüllerhöhle.
Ausgangspunkt/P: P beim Ghf. Koppenrast

Inneres Salzkammergut

Infos/Gaststätten: *Ghf. Koppenrast, netter Ghf. mit ausgezeichnetem Essen, kein Kinderspielplatz, aber Gelände zum Herumtoben neben dem P, Tel. +43 6131 231, Mai–Mitte Okt., Di Ruhetag, www.koppenrast.at. *Koppenbrüllerhöhle (vom Ghf. Koppenrast ca. 15 Min. entfernt), Führungen alle 1½ Std. beim Höhleneingang, www.dachstein-salzkammergut.com.

Wegbeschreibung Koppenwinkel:

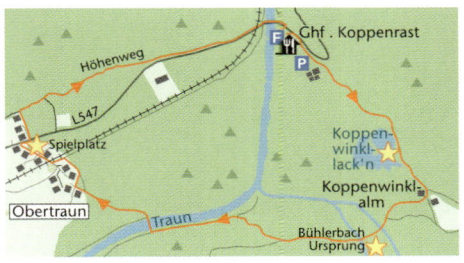

Vom P kurz entlang der Bundesstraße rechts am Gasthof Koppenrast vorbei. Danach gleich rechts dem Forstweg ins Naturschutzgebiet „Koppenwinkl" folgen. Der Weg führt in knapp 20 Min. zur Koppenwinkllack'n, die auch austrocknen kann. Am Wasser gibt es einen Glücksplatz, ideal zum Rasten. Bald nach dem See kommt die nicht bewirtschaftete Koppenwinklalm. Hinter der Alm-Hütte geht es rechts auf dem Forstweg weiter und später über den Hagen- und den Bühlerbach. Ein Abstecher zur Quelle des Bühlerbaches ist vor allem zur Schneeschmelze beeindruckend. Der Kinderwagen muss dabei bei der Brücke warten. Gleicher Rück- wie Hinweg.

Verlängerung als Rundweg (weitere 3 km): Nach den Bächen immer rechts halten und dem Wegverlauf bis zur Brücke folgen. Nach der Flußüberquerung geht es durch den Wald bis zu den Häusern. Hier rechts haltend bis zu den Bahngeleisen wandern. Links sieht man gleich den Bahnübergang, über den es weiter bis zum Spielplatz und zur Landstraße geht. Nach einer kleinen Pause für den Weiterweg rechts haltend die Bundesstraße überqueren. Hier links in den kleinen Pfad, Beschilderung „Höhenweg Nr. 1". Dieser stößt bald darauf mit dem netten Höhenweg zusammen, der sich kinderwagentauglich etwas oberhalb von Obertraun dahin schlängelt. Wir halten uns aber rechts und folgen der Beschilderung „Koppenwinkl" bis zum Fluß und zum Ausgangspunkt.

48 Koppental Wanderweg

Tosend sucht sich die Traun zwischen den steilen Bergflanken des Sarsteins und des Zinkens ihren Weg. Der schattige Rad- und Wanderweg mit Thementafeln führt durch zwei Tunnel ein Stück entlang der alten Bahntrasse aus dem 19. Jhdt.. Die urige, bewirtschaftete Schutzhütte Koppental lädt am Ziel der Wanderung zum Ausspannen ein. Die Hütte ist wie ein Minimuseum mit Infos über den mühsamen Bau der Verkehrswege und Lawinenabgänge in dem engen Tal. Zusätzlich gibt es einen Sinneweg und eine nette Bucht am Fluß.

Wetter: ●	Anforderung: 🟡	Dauer: 1¼ h

Anforderung: Leicht–Mittel; geschotterter Rad- und Wanderweg. Durch Regen und Lawinen im Winter können Teile des Weges erschwert passierbar sein. Bei zwei Passagen große Steine und ca. 10 m etwas steiler.
Dauer: 3,14 km, ca. 1¼ Std. eine Strecke.
Wetter: Klassisches Wanderwetter, auch bei leichtem Nieselwetter geeignet, da im Wald.

Inneres Salzkammergut

Wanderwert für (Geschwister-) Kinder:	
2–3 Jahre:	Wir empfehlen, in diesem Alter z.B. nur bis zur Koppenbrüllerhöhle zu gehen und diese als Ziel zu nehmen. Der Weg dorthin ist nett und vor der Höhle kann man auf einem Bankerl Rast machen. Dafür vom P immer den entsprechenden Schildern folgen (ca. 1 km, ca. 20 Min.). Vor der Höhle Stufen, nur bedingt kinderwagentauglich.
4–6 Jahre:	Empfehlung wie bei den 2–3 Jährigen. Der Weg durch das Koppental ist nur für gehfreudige Kinder geeignet. Attraktionen: die Rafter, das „wilde" Wasser, die Wegtafeln, der lange alte Bahntunnel und in der Nähe der Schutzhütte Koppental eine kleine Bucht bei der Traun. Diese verändert ständig ihr Aussehen aufgrund der Naturgewalten. Aufpassen, die tosende Traun ist nicht ungefährlich.
Kinderfahrrad:	Nur für Schotterweg-geübte RadlerInnen geeignet – siehe Wegbeschaffenheit und Anforderung.

Navi: 4831 Obertraun, Obertraun 123

Anfahrt: *Von Linz A1 Abfahrt Regau, B145 Richtung Gmunden, Bad Ischl, Bad Goisern. Nach Bad Goisern weiter auf B166 Richtung Hallstatt, Obertraun. Bei Obertraun weiter Richtung Bad Aussee, nach der Traunbrücke P beim Ghf. Koppenrast.
*Von Sbg. B158 Richtung St. Gilgen, Bad Ischl. Nach dem Tunnel weiter auf B145 Richtung Bad Goisern. Nach Bad Goisern weiter auf B166 Richtung Hallstatt, Obertraun. Bei Obertraun weiter Richtung Bad Aussee, nach der Traunbrücke P beim Ghf. Koppenrast.
*Von Stmk. B145 Richtung Bad Aussee. Bei Bad Aussee Süd Richtung Obertraun abfahren und dann ca. 6 km durch das Koppental bis zum Ghf. Koppenrast.

Bus/Bahn: Hst. Obertraun Koppenbrüllerhöhle.

Ausgangspunkt/P: P beim Ghf. Koppenrast.

Infos/Gaststätten: *Ghf. Koppenrast, Tel. +43 6131 231, Mai–Mitte Okt., Mo, Di Ruhetag, www.koppenrast.at. *Schutzhütte Koppental, geöffnet: in der Hauptsaison tgl., Mai und Okt. von Do–So., Tel. +43 664 4924461, www.koppental.at. *Koppenbrüllerhöhle (vom Ghf. Koppenrast ca. 15 Min. entfernt), Führungen stündl. beim Höhleneingang, www.dachstein-salzkammergut.com.

Inneres Salzkammergut

Wegbeschreibung Koppental Wanderweg:
Der Koppentalwanderweg führt flussaufwärts bis nach Bad Aussee. Wir haben den Abschnitt bis zur Schutzhütte beschrieben. Gegenüber vom Parkplatz sind die Wegweiser zur Koppenbrüllerhöhle zu sehen. Achtung! Dieser Weg ist nicht kinderwagentauglich. Für uns heißt es die Traun überqueren und den Radweg am linken Flussufer flussaufwärts wandern. Nach ca. 20 Minuten geht es über einen Steg über den Fluss. Nach rechts könnte man über Stufen 70 m bergauf einen kleinen Abstecher zur Koppenbrüllerhöhle machen (siehe Infos). Für den Weiterweg hier links wandern. Es geht durch einen alten Bahntunnel, dann vorbei an einer Kapelle. Der Koppentalwanderweg schlängelt sich immer tiefer in das enge Tal hinein und führt bis zur Schutzhütte Koppental, das Ziel dieser Tour. Wer noch zur Traun will, hinter dem Sinneweg geht es über ein Wegerl hinunter zum Wasser. Gleicher Rück- wie Hinweg.

VI. Ausseerland

Bad Aussee, Altaussee, Grundlsee, Kainsich, Bad Mitterndorf

 Wir über uns mit Tourentipps auf facebook:
wandaverlag

49 Zur Ruine Pflindsberg

Start und Ziel der kurzen Wanderung ist das ehemalige Gasthaus Sarsteinblick. Der gut beschilderte Forstweg führt über ein Hochmoor mit seltenen Pflanzen und schönen Wiesen in einem Naturschutzgebiet zur Burgruine Pflindsberg. Knapp vor der Ruine muss der Kinderwagen leider stehen gelassen werden. Wer weiter will, sollte vorsorglich eine Trage mitnehmen: Es geht ca. drei Minuten über einen ausgetretenen, verwurzelten Pfad bis zum Aussichtsturm bei der Ruine. Sobald der Turm erklommen ist, bietet sich eine tolle Aussicht über das Ausseerland. Von der kleinen Burg, die früher auf dem Pflindsberg weit über das Ausseertal sichtbar war, zeugen heute nur noch zwei kleine verfallene Steintürme. Wir empfehlen: Picknickdecke auspacken und Seele baumeln lassen. Narzissentipp ☞ Infos.

Wetter:	Anforderung:	Dauer: ½ h

Anforderung: Leicht–mittel; mäßige Steigungen, Forststraße; am Ende ausgetretener, verwurzelter Pfad zum Aussichtsturm.

Ausseerland

Dauer:	1,5 km, ½ Std. eine Strecke.
Wetter:	Klassisches Wanderwetter – im Winter Rodeln direkt hinter dem ehem. Ghf. Sarsteinblick Richtung Moosberg möglich.

Wanderwert für (Geschwister-) Kinder:

2–3 Jahre:	Gut geeignet; Strecke auch mit „Notfall-Buggy" möglich. Die letzten Meter schmaler, steiniger Pfad. Leider ist von der Ruine nicht mehr viel übrig. Der Turm bei der Ruine bietet eine schöne Aussicht auf den Loser und den Altausseersee. Darunter kann auf den Bänken gut gejausnet werden.
4–6 Jahre:	Siehe 2–3 Jahre. Am besten einen Pflanzenführer mit einpacken und eine kleine Kräuterwanderung unternehmen. Meistens in der letzten Mai-Woche blühen hier die berühmten Narzissen. In diesem Alter empfehlen wir den Weg über den Wasserfall zu wandern, beschrieben im Fortsetzungsband "Abenteuer Natur Salzkammergut".
Kinderfahrrad:	Schotterstraße, gut geeignet.

Navi: 8992 Altaussee, Lichtersberg 24

Anfahrt: *Von Stmk. B145 Richtung Bad Aussee, Bad Ischl. Vor dem Pötschenpass liegt die Ortschaft Lupitsch. Weiter: siehe alle Richtungen.
*Von Sbg. B158 Richtung Bad Ischl, bei Bad Ischl weiter auf B145 Richtung Bad Aussee, die erste Ortschaft nach dem Pötschenpass ist Lupitsch. Weiter: siehe alle Richtungen.
*Von Linz A1 Abfahrt Regau, weiter auf B145 – Gmunden – Bad Ischl – Bad Aussee. Die erste Ortschaft nach dem Pötschenpass ist Lupitsch. Weiter: siehe alle Richtungen.
⌂ alle Richtungen: Bei Lupitsch gegenüber vom Ghf. Wies'n von der Bundesstraße abfahren (kein Schild, nur Ortsschild), danach gleich links. Dem Straßenverlauf 2 km bis zum ehemaligen Ghf. Sarsteinblick folgen.

Ausgangspunkt/P: P beim ehem. Ghf. Sarsteinblick

Infos/Gaststätten: *leider keine Einkehrmöglichkeit. *Narzissentipp: Meist Ende Mai blühen auf den Wiesen weitum die Narzissen. Am besten 3 Tage vor dem Narzissenfest ausrücken, da ansonsten alle Narzissen bereits für das Fest gepflückt werden. *TV Tel. +43 3622 54040 0, www.ausseerland.at.

Ausseerland

Wegbeschreibung Ruine Pflindsberg:
Vom P die Anfahrtsstraße zurück marschieren bis zur ersten Kurve. Hier dem Schild zur Ruine Pflindsberg folgen. Der Weg ist bis zur Ruine sehr gut beschildert (Schilder Ruine Pflindsberg oder Wasserfall). Nach dem Waldstück auf der Lichtung geht es auf dem Fuhrweg nach rechts. Der Weg wird immer schlechter. Beim Beginn des Trampelpfades den Kinderwagen stehen lassen. Die letzten Meter zur Ruine musst du dein Baby tragen oder aber das kleine Bankerl auf der Wiese vor der Ruine als Umkehrpunkt auswählen. Gleicher Rück- wie Hinweg.

Hier blühen in der letzten Maiwoche die berühmten Narzissen.

50 Rund um den Altausseersee

kö

Die wildromantische Landschaft am Fuße des Losers war oft Kulisse für Filme und Schauplatz von Romanen. Die ausgiebige Tour um den See bietet Einkehr- und Bademöglichkeiten. Die Hälfte des Weges kann durch eine Bootsfahrt abgekürzt werden. Fast das gesamte rechte (südliche) Seeufer ist eine 3 km lange, schmale Kiesbank mit vielen Badebuchten und daher im Sommer sehr beliebt. Immer wieder zweigen kleine Trampelpfade zum Seeufer hinunter. Den Kinderwagen müssen wir für ein Picknick am Wegrand abstellen.

Wetter:	Anforderung:	Dauer: 2½ h

Anforderung:	Leicht; keine Steigungen; Kiesweg (nicht für Sandalen geeignet); zum See hinunter schmale, manchmal rutschige Wegerl.
Dauer:	RW ca. 7 km, Gehzeit 2½ Std., mit Pausen ca. 4 Std. kalkulieren; Abkürzung durch Schifffahrt möglich.
Wetter:	Klassisches Wanderwetter; bei Badetemperaturen früh ausrücken und Sonnenschutz nicht vergessen; die Hälfte des Weges liegt in der prallen Sonne, die andere im schattigen Wald.

Wanderwert für (Geschwister-) Kinder:

2–3 Jahre:	Plantschen, Gfründerl fangen (siehe Tipp bei Wegbeschreibung), Steine werfen … dazu empfehlen wir, nur eine kurze Strecke gegen den Uhrzeigersinn bis zu einer Badebucht zu gehen, die ganze Runde ist fast zu weit – trotzdem sind viele Familien mit Buggys unterwegs. Erste Einkehrmöglichkeit erst nach 4 km! Wechselgewand nicht vergessen!
4–6 Jahre:	Siehe 2–3 Jahre; Rückfahrt mit Schiff empfehlenswert, ganze Runde evtl. zu weit; im hinteren Bereich des Sees/Seewiese gibt es kleinere Abkürzungen, die zwar nicht mit dem Kinderwagen befahren werden können, aber für größere Kinder viel spannender zu wandern sind. Vorbei am Ghf. Seewiese und den Findlingen (Felsbrocken) treffen sich die Wege nach ca. 15 Min. wieder.
Kinderfahrrad:	Ca. 3 km befahrbar gegen den Uhrzeigersinn, dann Fahrverbot; wahrscheinlich stößt sich jedoch niemand an einzelnen KinderradlerInnen; hinsichtlich der Bodenbeschaffenheit ist der gesamte Rundweg geeignet – siehe Anforderung. Mit dem Laufrad ist der gesamte Rundweg zu weit.

Ausseerland

Navi: 8992 Altaussee, Fischerndorf 60
Anfahrt: *Von Stmk. B145 Richtung Bad Aussee. Nach Bad Aussee Abzweigung nach Altaussee. Weiter: siehe alle Richtungen
*Von Salzburg B158 Richtung Bad Ischl, nach dem Tunnel B145 Richtung Bad Aussee – knapp vor Bad Aussee Abzweigung nach Altaussee. Weiter: siehe alle Richtungen
*Von Linz A1 Abfahrt Regau, weiter auf B145 – Gmunden – Bad Ischl – Bad Aussee. Knapp vor Bad Aussee Abzweigung nach Altaussee. Weiter: siehe alle Richtungen
⌲ alle Richtungen: Weiter Richtung Altaussee. Im Ort bei der Kreuzung Loser, Blaa-Alm nach rechts (!) in die kleine Straße abbiegen. Der Sackgasse 500 m bis zum P am See folgen.
Ein weiterer großer gebührpflichtiger Parkplatz ist auch im Ort Altaussee. Einfach weiter bis in den Ort fahren. Der Parkplatz befindet sich rechts gegenüber dem Gemeindeamt und Tourismusbüro.

Bus/Bahn: Von Sbg. mit Bus 150 bis Bad Ischl Bhf. Weiter siehe Linz/Stmk.
*Von Linz/Stmk. mit der Bahn bis Bad Aussee. Weiter mit dem Bus 957 bis Bad Aussee Postamt. Weiter mit dem Bus 955 bis Hst. Altaussee Kurhaus. Weiter 5 Min. Fußweg: die Straße weiter bis zum Dorfende wandern. Der Weg wird dann zum Rundweg um den Altausseersee.

Ausgangspunkt/P: Gebührpflichtiger P links neben Hotel Seevilla (AP). Falls im Ort geparkt wurde, einfach weiter nach Altaussee hineinwandern bis zum Friedhof.

Infos/Gaststätten: *Jagdhaus Seewiese, einer der schönsten Plätze im Salzkammergut, idyllisch zwischen Stein-Findlingen am See, James Bond Drehort, Schiffsanlegestelle, Tel. +43 664 3387622, Mai–Ende Okt., www.jagdhaus-seewiese.com.
*Jausenstation Kahlseneck, etwas unterhalb vom Gastgarten Liegewiese am See mit leichtem Gefälle, schöner Seeblick, Mitte Juni–Sept. kein Ruhetag, Nebensaison Mi, Do Ruhetag, Tel. +43 664 4102545, www.kahlseneck.at. *Altaussee Schifffahrt, Anlegestelle Madlmaier im Ort unterhalb der Kirche, zusätzl. Bootsverleih und Plättenfahrten, Tel. +43 3622 20501, Fahrplan und Preise siehe www.altausseeschifffahrt.at.

Wegbeschreibung RW Altausseersee:

Vom Ausgangspunkt im Uhrzeigersinn um den See wandernd geht's zuerst an den Tennisplätzen vorbei, dann zwischen See und Wiesen und später aufwärts zur Kirche. Hier weisen Wegweiser rechts am Seewirt vorbei zur Runde um den Altausseer See. Nach der Schiffsanlegestelle geht's kurz durch den Ort und rechts haltend am Friedhof vorbei. Der

Ausseerland

Weg wird jetzt schattig und führt am See entlang. Bald ist die Jausenstation Kahlseneck erreicht. Dort und kurz danach gibt es die letzte Möglichkeit, auf dieser Uferseite zum See hinunter zu gehen. Der Wald lichtet sich unmerklich und der Blick auf die Trisselwand ist atemberaubend.

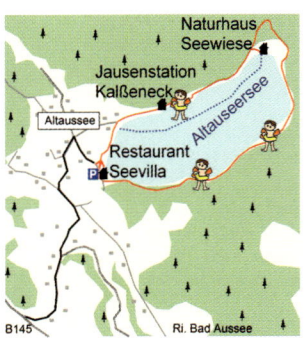

Rechts neben dem Weg geht es nun 2–5 m steil zum See hinunter. Zurückblickend sieht man den Dachsteingletscher. Hier kann die Sonne ziemlich „herunterstechen". Am hinteren Seeufer entweder den RW weitergehen, oder einen Abstecher zum Gasthof Seewiese machen. Um von der Seewiese wieder auf den Rundweg zu gelangen, am besten den kurzen Weg wieder zurück gehen, alle anderen Pfade sind entweder zu schmal für den Kinderwagen oder sehr holprig. Bis zum Ausgangspunkt liegt der Rundweg nun im Wald. Gegen Ende der Wanderung geht's über den Abfluss des Sees – einer der drei Traun-Ursprünge – rechts über die Brücke zurück zum Ausgangspunkt.

Tipp: Gfründerl fange

Brotstückerl in ei Plastikflasche, beim offen Verschluss eine Schnur anbind und ins seichte Wasser legen. D kleinen Fischerl schwimme nach einiger Zeit in die Flasch Unsere Kinder haben daneben mit Steinen und Sand eine kleinen Fischteich gegraben, w die gefangenen Gfründerl dann hineinkamen. Am Ende des Tages wurden die Fische wieder freigelassen. An dieser Stelle auch eine dringende Bitte: Bei dieser Unternehmung bitte unbedingt darauf achten, dass eure Kinder dabei nicht unbedacht die wehrlosen Fischerl quälen. Gerade im Umgang mit Tieren können Kinder wunderbar ihre sozialen Fähigkeiten schulen.

51 Ausflugsziel Blaa Alm

Höhe: 893 m kö

Im Sommer lädt die Blaa Alm zum Ausspannen und gemütlichen Schlendern mit dem Kinderwagen ein. Größere Kinder kommen beim großzügig angelegten Abenteuerspielplatz auf ihre Kosten. Wer länger gehen möchte, startet noch bis zur unbewirtschafteten Ausseer Rettenbachalm durch. Narzissentipp ☞ Infos.

Wintervariante: Der präparierte Wanderweg ist länger und wunderschön. Entlang des Weges gibt es immer wieder sonnige Bankerl bei kleinen eingewinterten Hütten, um etwas Wintersonne zu tanken und die Ruhe zu genießen.

Wetter: Anforderung: Dauer: 0–1 h

Anforderung: **Blaa-Alm:** Vom P sind es 200 m bis zum Gasthof.
Verlängerung Ausseer Rettenbachalm: Mittel; die Forststraße geht stetig bergab – Rückweg bergauf!!!
Winter: Mittel; präparierter Winterwanderweg mit mittleren Steigungen.

wandaverlag.at

Ausseerland

Dauer:	Vom P bis zur Blaa-Alm 5 Min. Rettenbachtal: ca. 2 km, ca. 1 Std. eine Strecke. Winter Loipe: ca. 2 km eine Strecke, ca. 1½ Std. je nach Schneebeschaffenheit.
Wetter:	Almwanderwetter, bei Nieselregen lässt sich nach einer kurzen Runde gut einkehren. Im Winter zum Sonnetanken.

Wanderwert für (Geschwister-) Kinder:	
2–3 Jahre:	Je nach Ausdauer, nur soweit die Beinchen tragen. Der Spielplatz (vom Gastgarten überschaubar) bietet auch für Kleine Klassiker wie Rutsche, Indianerzelte, Schaukel.
4–6 Jahre:	Siehe 2–3 Jahre; im Sommer ist der Abenteuerspielplatz ein Hit mit Riesen-Kraxelnetz und Seilbahn.
Kinderfahrrad:	Eigentlich nicht optimal, aber wir haben es gewagt, mit dem Rad bis ins Rettenbachtal zu fahren, beim Rückweg hat uns die Erfindungsgeist unseres Opas geholfen. Er hat seinen Gürtel um die Lenkstange gebunden und den kleinen Radler hinaufgezogen.

Navi: 8992 Altaussee, Lichtersberg 73
Anfahrt: *Von Stmk. B145 Richtung Bad Aussee. Weiter: siehe alle Richtungen
*Von Sbg. B158 Richtung Bad Ischl, bei Bad Ischl weiter auf B145 Richtung Bad Aussee. Weiter: siehe alle Richtungen
*Von Linz A1 Abfahrt Regau Richtung Gmunden – Bad Ischl – Bad Aussee. Weiter: siehe alle Richtungen
⚑ alle Richtungen: Bei Bad Aussee abbiegen Richtung Altaussee. In Altaussee links Beschilderung Blaa Alm. Der Straße einige Kilometer vorbei bei der Loserskiarena bis zum Blaa Alm Parkplatz folgen.
Bus/Bahn: *Von Sbg. mit Bus 150 bis Bad Ischl Bhf. Weiter siehe Linz/Stmk.
*Von Linz/Stmk. mit der Bahn bis Bad Aussee. Weiter mit dem Bus 955 od. 957 bis Bad Aussee Postamt, über Hst. Altaussee Kurhaus bis Hst. Altaussee Losermaut. Ausgangspunkt für die Winterwanderung.

Ausgangspunkt/P: Parkplatz Blaa Alm; Winter: bei Loser-Skiarena am oberen linken Parkplatz parken. Vorgehen bis zur Skischule.

Ausseerland

Infos/Gaststätten: *Blaa-Alm, köstliche Spatzerlvariationen, öfters sind Musikanten anzutreffen, ganzj. geöffnet außer Nov. und April, Ruhetage: Jul-Aug Mo, sonst Mo und Di, So ab 17 h geschlossen, Tel. +43 3622 71102, www.blaa-alm.at.
*Narzissentipp: Ca. letzte Mai-Woche kurz vor dem Narzissenfest blühen hier die betörend duftenden Narzissen – TV www.ausseerland.at

Wegbeschreibung Blaa Alm: Eigentlich ist die Blaa Alm eher ein Ausflugsziel, mit dem Kinderwagen haben wir die Strecke zum Quellgebiet des Rettenbaches am Fuße des Losers erwandert. Dazu von der Blaa Alm die Forststraße einfach weiter gehen. Bei den nächsten zwei Gabelungen immer rechts halten. Danach geht es stetig bergab, bei den nicht bewirtschafteten Almhütten der Ausseer

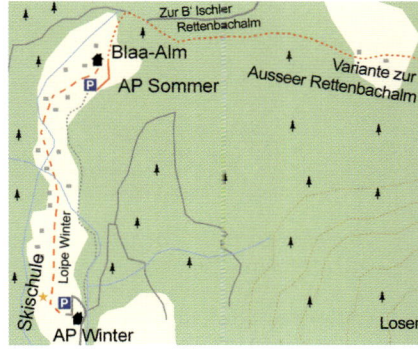

Rettenbachalm vorbei und über eine Almwiese mit uralten Ahornbäumen. Der Weg wird immer schmaler und führt zu mehreren Bacherln, die den Rettenbach speisen. Auf gleichem Weg wieder retour wandern.

Wintertour: Ausgehend von der Loser Skiarena führt ein schön präparierter, sonniger Winterweg in die Blaa Alm. Die Loipe daneben gilt als eine der schönsten Loipen der Region. Neben der Skischule gibt es einen Übersichtsplan der Blaa-Almloipe. Hier ist der Start. Dem Wegverlauf einfach folgen.

52 Zum Toplitzsee

Der idyllische, kleine Ort Gößl ist Ausgangspunkt für diese Wanderungen. Im mystischen Toplitzsee wurde nach dem zweiten Weltkrieg mit einem U-Boot nach einem Nazi-Schatz gesucht. Weitere Schlagzeilen berichten sogar von einem Seeungeheuer! Ein idyllischer Waldweg führt zum Erzherzog Johann-Bankerl am Toplitzsee (☞ Infos). Der Rückweg Toplitzparcour ist romantisch mit kleinen Brücken neben dem Toplitzbacherl, in dem Kinder wunderbar plantschen können, angelegt. Dieser Abschnitt ist jedoch nur zu zweit möglich (☞ Anforderung). Auch für kleine RadlerInnen gibt es eine kurze Route.

Wetter:	Anforderung:	Dauer: ½ h

Anforderung: Geländegängiger Kinderwagen wird empfohlen; Hinweg: Mittel, breiter Wanderweg, zu Beginn Steigung; am Ende geht es steiler bergab. Rückweg (nur zu zweit möglich): Mittel, kinderwagenbreiter Waldweg neben dem Toplitzbach; Nach kurzem Stück auf der Forststraße 10 breite Stufen bergab, dann 10 Min. teilw. verwurzelt und hügelig, ab der Hälfte eben.

Ausseerland

Dauer: 1,7 km, ½ Std. eine Strecke.
Wetter: Klassisches Wanderwetter, bei Regen mystisch und ebenfalls geeignet. Beeindruckend bei Schneeschmelze, ☞ Wanderwert für Kinder 4–6 J.

Wanderwert für (Geschwister-) Kinder:

2–3 Jahre: Ideal, da kurz; Beim Rückweg über den Toplitzparcour ist der sich sanft schlängelnde Wasserlauf des seichten Toplitzbaches sehr spieleinladend, immer wieder Wasserzugänge (zweite Garnitur zum Wechseln oder Badehose mitnehmen).

4–6 Jahre: Sehr abwechslungsreich! Siehe auch unter 2–3 J. Ein Abstecher (5 Min.) zur Ranftlmühle ist nett – leider nicht für den Kinderwagen geeignet. Beim Ghf. Fischerhütte sind Bildmaterialien und gefundene Relikte aus verschiedenen Tauchgängen im Toplitzsee ausgestellt. Sehr interessant: Mit einer Motorplätte kann man vom Gasthof zum hinteren Bereich des Sees fahren und in nur 5 Min. über 20 - 30 enge Stufen zum unberührten Kammersee gelangen. Der Kinderwagen kann bei diesem Abenteuer nicht mit, daher am besten beim Gasthof stehen lassen und eine Trage mitnehmen. Bei Schneeschmelze bietet der Durchfluss vom Kammersee zum Toplitzsee ein beeindruckendes und seltenes Schauspiel.

Kinderfahrrad: Kurz und ohne Steigungen und zum Radeln am besten geeignet ist die Straße, die durch das kleine Dorf Gößl bis zum Toplitzsee führt; fallweise Anrainerverkehr; beim Kreisverkehr dafür die zweite Ausfahrt ins Dorf Gößl nehmen, gleich danach Parkmöglichkeit. Die Straße einfach weiter radeln.

Navi: 8993 Grundlsee, Gößl 231.
Anfahrt: *Von Stmk. B145 Richtung Bad Aussee. Weiter: siehe alle Richtungen
*Von Sbg. B158 Richtung St. Gilgen – Bad Ischl, bei Bad Ischl weiter auf B145 Richtung Bad Aussee. Weiter: siehe alle Richtungen
*Von Linz A1 Abfahrt Regau, weiter auf B145 – Gmunden – Bad Ischl – Bad Aussee. Weiter: siehe alle Richtungen

⚐ alle Richtungen: In Bad Aussee ins Zentrum. Weiter Richtung Gößl. In Gößl beim Kreisverkehr erste Ausfahrt, entlang des Sees weiter, P hinter Ghf. Rostiger Anker.
Bus/Bahn: *Von Sbg. mit Bus 150 bis Bad Ischl Bhf. Weiter siehe Linz/Stmk.
*Von Linz/Stmk. mit der Bahn bis Bad Aussee. Weiter mit dem Bus 956 bis Gößl Siedlung.

Ausgangspunkt/P: P hinter Ghf. Rostiger Anker; gebührenpflichtig (€ 3).

Infos/Gaststätten: *Fischerhütte, beliebtes Fischrestaurant mit eigener Kinderkarte, Mi Ruhetag, Tel. +43 3622 8296, Ausstellung zum Toplitzsee, www.toplitzsee.at. *Motorplättenfahrt über den Toplitzsee zum dahinterliegenden Kammersee, alle 20–30 Min., Tel. +43 3622 86044 333, Preise und Info siehe www.schifffahrt-grundlsee.at.

Wegbeschreibung Toplitzsee:

Hinweg zum Erzherzog Johann-Bankerl – wo sich Erzherzog Johann und Anna Plochl verliebt haben: Hinter dem Ghf. Rostiger Anker fließt der Toplitzbach. Bei der Brücke dem Wegweiser zum Toplitzsee folgen. Nach der ersten Steigung gibt es eine Abzweigung zur Ranftlmühle (nicht

Ausseerland

kinderwagentauglich). Auf dem normalen Wanderweg weiter, geht es zum Schluss in zwei Serpentinen steil bergab, bis man beim Erzherzog Johann-Bankerl beim Toplitzsee heraus kommt. Über das Wehr beim Seeausfluss geht es rechts weiter bis zum Ghf. Fischerhütte. Rückweg entweder gleich wie Hinweg, oder:

Rückweg über den Toplitzparcours: Nett, aber nur mit Hilfe zu bewältigen, ist der Rückweg über den Toplitzparcours. Dafür die Anfahrtsstraße entlang des Seeausflusses wandern, bis nach links ein Pfad zum Toplitzparcours abzweigt. Hier braucht man nun am Anfang Hilfe um die 10 Stufen bergab zu überwinden. Der Weg führt

anfangs etwas verwurzelt und mit kleinen Steigungen, später gemütlich entlang des kleinen Bacherls zurück zum Ausgangspunkt.

53 RW Steirischer Ödensee

Am Nordrand des Kemetgebirges liegt der kleine Moorsee, rundum von Hochwald umschlossen. Das Naturschutzgebiet bietet einige schöne Touren. Wir haben für den Kinderwagen eine Umrundung des Sees ausgewählt, da man im Sommer auch herrlich darin baden kann. Es gibt zahlreiche Möglichkeiten, zum See zu gelangen (Ersatzgewand) und schöne Platzerl mit Bankerl laden zum Jausnen ein.

Wetter: Anforderung:	Dauer: 1 h

Anforderung:	Leicht; kleine Steigungen, ca. 50 m verwurzelt, Schotterweg.
Dauer:	RW ca. 2 km, 1 Std.
Wetter:	Klass. Wanderwetter und auch bei Nieselwetter und im Hochsommer zum Baden geeignet, im Winter Langlaufloipe.

Wanderwert für (Geschwister-) Kinder:

2–3 Jahre:	Aufgrund der Kürze gut geeignet, bis auf kurze holprige Stellen auch mit Buggy begehbar. Nach der Kohlröserlhütte gibt es einen netten Spielplatz im Wald. Bei Familien beliebter Badesee.

Ausseerland

4–6 Jahre:	Siehe 2–3 Jahre.
Kinderfahrrad:	Geeignet für Kinder, die das Rad schon gut im Griff haben, am Anfang holprig und verwurzelt.

Navi: 8984 Kainisch, Ödensee 144

Anfahrt: *Von Stmk. B145 Richtung Bad Aussee. Nach Bad Mitterndorf bei Pichl rechts abbiegen Richtung Pichl, durch Kainisch durchfahren und den Wegweisern zum Ödensee folgen.
*Von Linz A1 Abfahrt Regau, weiter auf B145 – Gmunden – Bad Ischl – Bad Aussee – Liezen. Nach Bad Aussee bei Pichl rechts abbiegen Richtung Pichl, durch Kainisch durchfahren und den Wegweisern zum Ödensee folgen.
*Von Salzburg B158 Richtung St. Gilgen – Bad Ischl, nach dem Tunnel B145 Richtung Bad Aussee – Liezen. Nach Bad Aussee bei Pichl rechts abbiegen Richtung Pichl, durch Kainisch durchfahren und den Wegweisern zum Ödensee folgen.

Ausgangspunkt/P: Parkplatz beim Ödensee

Infos/Gaststätten: *Gasthaus Kohlröserlhütte, Gastgarten, Spielplatz, ganzj. geöffnet, Tel. +43 3624 213, www.genussamsee.com. *www.naturerlebnis-oedensee.at. *TV www.ausseerland.salzkammergut.at.

Wegbeschreibung RW Steirischer Ödensee:

Am Parkplatz nach dem Schild zur Kohlröserlhütte Ausschau halten und den Wegweisern bis zum Gasthof am See folgen. Von der Kohlröserlhütte den See im Uhrzeigersinn umwandern. Der Rundweg um den Ödensee ist gut beschildert. Am Ende der Runde kommst du wieder an der Kohlröserlhütte vorbei, weiter zurück zum Parkplatz.

54 Seenhochplateau Tauplitz
Höhe: 1600 m

Die Tauplitzalm ist das größte Seenhochplateau Mitteleuropas und lässt sich in einer ausgedehnten Tour über blühende Almwiesen wunderbar mit dem Kinderwagen erwandern. Kleine Seen laden zum Füße abkühlen ein. Es gibt wunderbare Ausblicke auf die schroffen Hänge des Toten Gebirges, den beeindruckenden Sturzhahn, den Dachstein und Grimming – der Endpunkt des Salzkammerguts. Am Anfang der Runde sind zahlreiche Bustouristen unterwegs. Bis zum Ende der Tour nimmt die Größe der dutzenden Gasthäuser und Hütten ab, und es wird ruhiger. Zum Schluss beim Steirersee bieten zwei kleine Almhütterl Selbstgemachtes an. Im Winter wird neben der Langlaufloipe bis zum Steirersee ein Wanderweg gespurt. Mautgebühr: € 12,--

Wetter:	Anforderung:	Dauer: 1 h

Anforderung:	Mittel; hügelig; Asphalt und Schotterstraße; zum Schluss längeres Steilstück bergab. Leider relativ viel Anrainerverkehr zu den Hütten.
Dauer:	Ca. 3 km, 1 Std. eine Strecke.
Wetter:	Klass. Wanderwetter, je nach Schneelage Anfang Juni – Ende Okt.; gespurter Winterwanderweg ☞ Info.

wandaverlag.at

Ausseerland

Wanderwert für (Geschwister-) Kinder:	
2–3 Jahre:	Im Winter optimal mit dem Schlitten bis zur Schischule und Lenzbauerhütte (ca. Hälfte des Weges). Abstecher vom Hauptweg im Sommer: Die Seen sind ideal zum Füße abkühlen oder Steine werfen. Brunnen und Kühe bei den Almen. Ein Bummelzug fährt über das Hochplateau (☞Info). Wir empfehlen, einen kurzen Teilausschnitt, z.B. zu einer der vielen Hütten oder zum ersten See (Großsee) zu spazieren. Die Straße ist für Buggies geeignet.
4–6 Jahre:	Siehe 2–3 Jahre; kaum Spielgeräte bei den Almen. Laut einer Tauplitzer Sage gab es früher einen alten Ort, der wegen seiner Sittenlosigkeit mit samt der Kirche in einem der Seen versunken sein soll – vielleicht hört noch jemand die Kirchenglocken läuten.
Kinderfahrrad:	Obwohl zu ⅔ asphaltiert, aufgrund der Steigung am Anfang eher nicht geeignet.

Navi: 8982 Tauplitz, Tauplitzalm

Anfahrt: *Von Linz A1 Abfahrt Regau, weiter auf B145 – Gmunden – Bad Ischl – Bad Aussee – Bad Mitterndorf. Weiter: siehe alle Richtungen

*Von Sbg. B158 Richtung Bad Ischl, bei Bad Ischl weiter auf B145 Richtung Bad Aussee, Bad Mitterndorf. Weiter: siehe alle Richtungen

*Von Stmk. B145 Richtung Bad Aussee. Weiter: siehe alle Richtungen

🚗 alle Richtungen: Bei Bad Mitterndorf abfahren, Beschilderung Tauplitzalm Alpenstraße folgen. Maut Richtpreis € 12,-

Ausgangspunkt/P: Tauplitzalm Parkplatz 1

Infos/Gaststätten: *Zahlreiche Einkehrmöglichkeiten säumen den Weg. *Steirerseehütten, beim Umkehrpunkt, kinderfreundlich, klein und gemütlich, Aussicht auf Sturzhahn und Steirersee. *Bummelzug vom P Tauplitzalm, während der Sommerferien jeweils Mo, Mi, Fr um 10 h, Preis Erw. €8,-, Kinder €5,-, Tel. +43 3688 2302. *Beim Alpenvereinshaus Hollhaus kann auch übernachtet werden, www.hollhaus.at, nur in der Hauptsaison geöffnet, Tel. +43 3688 2302. *Auskunft zum Winterwanderweg beim TV Tauplitz Tel. +43 3688 2446, www.ausseerland.at.

*Tipp für Allergiker: über 1.500 Meter gibt es keine Hausstaubmilben mehr.

Ausseerland

Wegbeschreibung Tauplitz:
Vom Parkplatz weiter in das Gebiet hineinwandern. Es geht zuerst in Serpentinen bergauf. Am besten der Straße und der Beschilderung zum Steirersee folgen. Je tiefer man ins Tal wandert, desto weniger frequentiert ist der Wanderweg. Gleicher Rück- wie Hinweg.

> Auch im Winter führen Wanderwege vom Ausgangspunkt entlang der Langlaufloipen über das Hochplateau.

CLEAN CLOTHES

KAMPAGNE FÜR "SAUBERE" KLEIDUNG WELTWEIT

Der Großteil unserer Kleidung wird in Lateinamerika, Asien und Afrika hergestellt. Die normale Arbeitszeit beträgt zwischen 14 und 17 Stunden täglich, sieben Tage die Woche! Die sklavenähnlichen Bedingungen der ArbeiterInnen erinnern an die Bedingungen in Europa im 19. Jahrhundert. Nur, dass diesmal Reich & Arm nicht mehr im selben Land, sondern 10.000 Kilometer entfernt voneinander leben. In den Fabriken hängen oft Markenhemden und Billighemden nebeneinander. Ein teures Markenhemd sagt keinesfalls aus, dass die Arbeitsbedingungen bei der Hestellung besser waren.

Die Clean Clothes-Kampagne, die von hunderten Organisationen und ArbeiterInnenvereinigungen rund um die Welt getragen wird, setzt sich für die Rechte der ArbeiterInnen und eine Verbesserung der Arbeitsbedingungen in der internationalen Bekleidungs- und Sportartikelindustrie ein.

Wer bekommt die 100,– Euro für meine Sportschuhe?

Herstellungskosten 12 %
Produktionskosten 2%
Fabrikgewinn 2%
Material 7,6%

Löhne 0,4 %

Transport und Steuern 5 %

Mehrwertsteuer 20%

Markenfirma 33 %
Profit 13,5%, Forschung 11% Werbung 8,5 %

Einzelhandel ca. 30%

SCHREIBEN SIE UNS ODER RUFEN SIE UNS AN!
Abonnieren Sie kostenlos den Rundbrief der Clean Clothes-Kampagne und informieren Sie sich über Herstellungsweisen – z.B. was hinter Markenartikel-Herstellern steckt:
CH: www.cleanclothes.ch   D: www.sauberekleidung.de   Ö: www.cleanclothes.at

Kleine Wandertrickkiste

Für die schon etwas größeren Geschwisterkinder haben wir ein paar „Tricks" gesammelt, die sie vielleicht noch ein Stückerl weiter gehen lassen. Gerade aber bei Kindern gilt der Spruch: Der Weg ist das Ziel im besonderen Maße. Schließlich sollen Erlebnisse in der Natur ja als schöne Erinnerungen haften bleiben.

Zauberweg (oder Schnitzeljagd)
Man kann den Tag schon verheißungsvoll starten: „Heute gehen wir auf einem Zauberweg wandern. Da hat eine Wanderfee für fleißige Füße kleine Schätze hingelegt. Sollen wir die heute suchen gehen?" (Eltern von wettbewerbshungrigen Kindern können noch hinzufügen: „Bevor sie jemand anderer findet.") Am Weg bedarf es dann zwar einiger Ablenkungskünste, wenn man die kleinen Leckerlis versteckt. Aber vielleicht hat man ja gerade hinter einem Baum etwas blitzen gesehen und vielleicht wollen die Kinder schon einmal da nachschauen – während der eigentliche „Schatz" schnell ausgelegt werden kann.

Notizen, Stempel, ...

Geschichten erzählen
Das ist zwar kein neuer „Trick", aber er hilft trotzdem meist ganz gut – vor allem wenn die Kinder noch kleiner sind. Man kann Wegabschnitte einbauen – oder bei Themenwegen die auf Tafeln angegebenen Informationen in Geschichten umwandeln.

Landart
Alle paar hundert Meter könnten kleine Figuren mit Zweigen/Tannenzapfen/Steinen geformt werden, damit die nachkommenden Wanderer diese natürlich bewundern können (bitte sensibel einsetzen – vor allem auf Feldwegen). Oder aber die Kinder könnten zu „Scouts" werden und es könnte ungemein bedeutend sein, dass sie den gerade benützten Weg für nachfolgende Wanderer mit Richtungspfeilen aus Steckerln markieren. Man könnte auch den Kinderwagen schmücken – oder sich selbst mit den großen „Blätschen" behuten. (Dass da mitunter kiloweise Steine mitgeschleppt werden müssen, kennen wahrscheinlich auch viele Eltern).

Jausenkette
Man braucht: eine Packung Brezerl (es gehen z.B. auch „gesunde" Dinkelbrezerl, herkömmliche könnten bei übermäßigem Konsum zu Verstopfung führen) und einen Faden.
Wenn es dann gar nicht mehr weitergeht, kann man aus den Brezeln eine Kette fädeln und diese den Kindern umhängen. Bis die Kette aufgegessen ist, ist vielleicht schon das Ziel erreicht

Sterne-Erläuterungen

Da das Gebiet sehr weitläufig ist und daher manchmal längere Anfahrten notwendig sind, bzw. da ihr vielleicht in der einen oder anderen Gegend bevorzugt unterwegs seid oder Urlaub macht, haben wir ★★★ Sterne als weitere Entscheidungshilfe eingefügt.

Erläuterung zu den Sternen:
Für unsere Ausflugsziele haben wir keine Sterne vergeben, da wir mit den Sternen die Wanderung und den Weg bewerten und bei den Ausflugszielen das Ziel, meist eine Gaststätte, im Vordergrund steht. Die Ausflugsziele haben sehr unterschiedlichen Charakter und werden auch im Textteil genauer beschrieben.

Wir legten bei der Vergabe der Sterne unser Hauptaugenmerk darauf, ob sich eine längere Anfahrt "auszahlt". Ob man also z.B. extra von Linz, Salzburg oder Graz anreisen sollte. Wenn man in der betreffenden Gegend wohnt oder Urlaub macht, sind alle Ziele es wert besucht zu werden.

★★★ Wanderung und/oder Gebiet ist herausragend. Das sind die Plätze, wo einem das Herz aufgeht. Es zahlt sich auch eine längere Anreise aus, weil sich hier etwas besonderes bietet, etwas, dass nicht „überall" vorzufinden ist (z.B. Atmosphäre, Spielstationen, landschaftliche Schönheit etc.)
★★ Wanderung und/oder Gebiet ist sehr nett. Es ist schön dort, aber vielleicht aufgrund der Kürze nicht geeignet, weit anzureisen; oder: Die Wanderung hat irgendeinen Haken, z.B. Gasthaus am Ziel ist nicht empfehlenswert, oder Landschaft ist nicht spektakulär etc.
★ Wanderung ist nett. Diese Ziele sind für jene gedacht, die in der Gegend wohnen oder Urlaub machen. Es ist nett dort zu wandern, es sind die sogenannten „Heimstrecken". Die Landschaft ist schön aber nicht ungewöhnlich. Eine längere Anreise, speziell für diese Wanderung würden wir nicht empfehlen.

I. Mondsee, Irrsee, Wolfgangsee

1. ★★ **Illinger Alm:** Der Weg ist für den/die DurchschnittsgeherIn zu steil und beschwerlich.
2. ★★ **Zinkenbach:** Der Weg ist zu kurz für eine lange Anreise und es gibt keinen Ghf.
3. ★★★ **Schwarzensee:** Die Gegend ist sehr schön und man kann dort gut und gern einen ganzen Tag verbringen und auch baden.
4. **Jausenstation Aschinger:** Ausflugsziel mit direkter Zufahrt.
5. ★★ **Helenenweg:** Der Weg durch den Wald und die Erlachmühle sind einen Ausflug wert, nur am Anfang führt der Weg durch Wohngebiet und das idyllische Stück ist nicht lang.
6. ★★ **Rodeln am Hochserner – Irrsee:** Traumhafte Aussicht und Gasthof, nur die Strecke ist sehr kurz – auf der anderen Seite auch ein Vorteil...
7. ★★★ **Themenweg Lebensroas in Oberwang:** Liebevoll errichteter Erlebnisweg mit Spaßfaktor und nicht all zu lang.

II. Attersee

8. ★★★ **Gläsernes Tal:** Dieser Lehrweg ist herausragend
9. ★★★ **Keltenbaumweg:** Dieser Lehrweg ist herausragend
10. ★★★ **Gleißnerweg:** Reizvolle Wander- , Bade- und Schifffahrtkombination
11. ★★ **Födinger Alm:** Die Gegend ist sehr schön, die Alm idyllisch und eine geniale Aussicht... aber der Weg führt als Forststraße durch den Wald berauf.
12. ★ **Kienklause:** Die Gegend ist sehr schön, der Weg aber nicht ungewöhnlich.
13. ★ **Kirchenweg in Steinbach:** Die Gegend ist sehr schön, der Weg aber nicht ungewöhnlich.
14. ★★ **Nixenfall:** Kurze Wanderung mit lohnenswertem Ziel, jedoch keine Einkehrmöglichkeit.
15. ★ **Victor-Kaplan-Weg:** Netter, schattiger Weg, aber wir hätten uns eine Gastwirtschaft zum Einkehren gewünscht.

III. Traunsee, Almtal

16. ★★ **Hongar:** Gegend ist sehr schön und die Alm oben lohnend aber der Weg geht über Serpentinen eine Forststraße hinauf.
17. ★★ **Toscana Park/Schloss Orth:** Hier handelt es sich um einen Park- oder Promenadenspaziergang aber der Besuch des Schlosses über die Brücke ist nicht alltäglich.

18. ★★★ **Laudachsee:** Bei der Gondelvariante ist der Weg sehr abwechslungsreich und die Gegend wunderschön; auch Baden ist möglich. Die Forstwegvariante ist eher eintönig und würde ★ erhalten.
19. ★★ **Hochsteinalm:** Sehr schöne Alm, der Anstieg über die Forststraße ist eher eintönig.
20. ★★★ **Langbathseen:** Die Gegend ist wunderschön, man kann gut und gern einen ganzen Tag dort verbringen und auch baden.
21. ★★ **Offensee:** Der Offensee ist wunderschön gelegen, allerdings nur eingeschränkte Einkehrmöglichkeiten
22. ★★ **Flösserweg im Almtal:** Der Weg bietet zu jeder Jahreszeit und jeder Witterung etwas. Als Fluß-entlang-Wanderung ist die Landschaft schön, jedoch nicht spektakulär.
23. Hochberghaus: Ausflugsziel mit direkter Zufahrt auf einer Mautstraße.
24. ★★★ **Almsee:** Sehr schöner Seespaziergang.
25. ★★ **Ödseen im Almtal:** Die Landschaft ist wunderschön, der Weg kann jedoch – je nach Witterungsverhältnissen sehr ausgewaschen sein. Auch baden ist möglich.

IV. Pyhrn

26. ★ **Steyr-Ursprung:** Die Gegend ist wunderschön. Das Ausflugsgasthaus ist sehr empfehlenswert und der Steyrursprung – vor allem für OberösterreicherInnen, deren Heimat die Steyr ja durchfließt – sehr interessant. Der Flötzersteig ist jedoch hier eher eintönig im Wald entlang der Steyr und der Weg rumpelig. Als Alternative empfehlen wir die direkte Zufahrt zum Gasthof.
27. ★★★ **Schiederweiher:** Die Gegend ist wunderschön und idyllisch und das Wirtshaus liegt perfekt. Obwohl die Wanderung nur kurz ist, kann man hier gut und gern mehrere Stunden verbringen.
28. ★ **Schafferteich:** Die Gegend ist schön und idyllisch, der Schafferteich läßt sich jedoch leider mit dem Kinderwagen nicht umrunden und die Wanderung ist sehr kurz.
29. ★★ **Pießling Ursprung / Sensen Themenweg:** Die Wanderung führt sehr schön am Bach entlang und die Quelle ist beeindruckend. Für eine längere Anreise ist der Weg jedoch sehr kurz.
30. ★★★ **Gleinkersee:** Die Gegend ist sehr schön und der See einfach perfekt zum Umrunden. Wir schwankten bei der Sternenvergabe zwischen ★★ und ★★★ weil der Weg kurz ist. Man kann jedoch in beiden Gaststätten nett einkehren und baden.
31. ★ **Veichtltal / Villa Sonnwendt:** Es gibt kein perfektes Ziel
32. ★★ **Hengstpass Almenrundweg:** Die Gegend ist sehr schön. 2 Sterne deshalb, weil der Weg – auch witterungsbedingt – sehr holprig und ausgewaschen sein kann. In

der Nähe der Puglalm wurde das Gatter fix verschlossen, da es lt. Hüttenwirt viele Wanderer offen gelassen und die Kühe sich dann in alle Winde verstreut hatten. Man muss den Kinderwagen deshalb über den Zaun heben. Die letzten ca. 200 m sind auf der Straße zu gehen. Es gibt jedoch mehrere Hütten am Weg und überall kann man gut und gerne einige Zeit verbringen und dann wieder weiterwandern.

33. Schüttbauernalm: Ausflugsziel

34. ★★ Stefansbergalm und Oberwenger Barfußweg: Die aussichtsreiche Anfahrt nach Oberweng hinauf, die Almhütte und auch der Barfußweg sind sehr empfehlenswert. Die Gegend ist schön aber es fehlt ein „Eitzerl" zum Spektakulären.

35. Bosruckhütte: Ausflugsziel

36. ★★★ Wurzeralm: Die Gegend ist schön und der Lehrpfad vorbildlich. Einzig die etwas kommerzialisierten Häuser bei der Bergstation, zu Beginn und am Ende der Wanderung trüben ein wenig das Bild. Die Lifte stören hier wenig.

V. Inneres Salzkammergut

37. ★ Kalvarienberg Bauernfeldweg / Elisabethwaldweg: Ein richtiger Einheimischen-Tipp: Die Gegend ist sehr schön aber die Wege sind teilweise holprig und zu kurz für eine längere Anreise.

38. ★★★ Esplanade und Sisipark in Bad Ischl: Der Spazierweg und die Gegend ist schön aber es geht tw. durch die Ortschaft. Der Spielplatz ist ein Traum für Kinder.

39. ★★ Rund um den Jainzen: Die Gegend ist schön und bietet sogar einen Wasserfall. Es geht aber ein Stück entlang der Bundesstraße und wir hätten uns am Weg ein Gasthaus gewünscht.

40. ★ Rettenbachalm: Hier lässt es sich gut einen Nachmittag verbringen, beim Bach plantschen und nett einkehren.

41. ★★★ Goiserer Sagenweg: Ein Titelbildweg – meist prangt ein Foto von diesem Weg auf irgendeiner Mountainbike Zeitschrift – dieser spektakuläre Weg ist auch mit dem Kinderwagen ein Hit.

42. ★★ Hütteneck / Halleralm: Der Weg zur Hütteneck Alm ist sehr steil und nur für Trainierte geeignet.

43. ★★ Hallstättersee-Ostuferweg: An sich ist dieser Weg und die Gegend außergewöhnlich. Es gibt jedoch eine sehr schmale Passage und einige Stufen.

44. ★★★ Gosausee: Die Landschaft ist einfach imposant. Der Rundweg mit netten Einkehrmöglichkeiten ist ein idealer Spazierweg.

45. ★★ Zwieselalm: Die Gegend ist sehr schön aber die gesamte Wanderung ist nur etwas für konditionsstarke, versierte KinderwagenschieberInnen. Die ersten Almen sind zwar steiler, aber schnell erreicht und können auch als Ausflugsziel genommen werden.

46. ★★★ Krippenstein 5Fingers: Der Heilbronnerweg ist eine der schönsten Hochgebirgswanderungen. Die teure Auffahrt mit der Gondel macht sie zu einer Deluxe-Route. Zusammen mit den FiveFingers spektakulär und lohnend.

47. ★ Koppenwinkelweg: Die Gegend ist schön aber der Weg ist etwas holprig. Die Alm ist ruhig, schnell erreicht, und ein kleines Juwel, wenn man im Salzkammergut mal etwas „Nicht-so-Bekanntes" kennenlernen will.

48. ★★ Koppental Wanderweg: Die Gegend ist sehr schön, aber der Weg ist noch nicht fertig ausgebaut. Der kinderwagentaugliche Radweg dürfte erst 2011 fertiggestellt werden. Bis zur Fertigstellung: bis zur Koppenbrüllerhöhle tauglich, danach ca. 500 m nur mit Hilfe bewältigbar.

VI. Ausseerland

49. ★★ Zur Ruine Pflindsberg: Die Gegend ist sehr schön aber der Weg ist ziemlich kurz.

50. ★★★ RW Altausseersee: Bei dieser Wanderung ist die Landschaft außergewöhnlich. Auch baden ist möglich.

51. Blaa-Alm: Der Winterwanderweg wird als einer der schönsten in der Gegend gepriesen und wenn dies kein Ausflugsziel wäre, bekäme dieser ★★★ Sterne.

52. ★★★ Toplitzsee: Bei dieser Wanderung ist die Landschaft außergewöhnlich. Der See ist aber zu kalt und gruselig zum Baden.

53. ★★★ Steirischer Ödensee: Ein kleines nicht so bekanntes Juwel im steirischen Salzkammergut. Die Landschaft ist außergewöhnlich. Auch baden ist möglich.

54. ★★ Tauplitz Seenhochplateau: Die Landschaft ist sehr schön aber die riesigen Gasthäuser/Hotels stören ein wenig.

Zur Ausrüstung

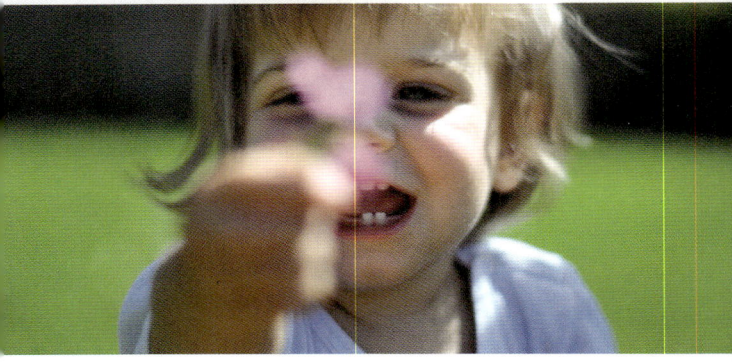

1. Verpflegung

Stillende Mütter müssen vor allem auf die eigene Flüssigkeitszufuhr achten. Trotzdem ist es oft ganz nützlich, etwas (abgekochtes) Wasser in einer kleinen Thermosflasche mitzuhaben (z.B. auch im Winter für die Wärmeflasche).

Für Fläschchenkinder ist abgekochtes heißes Wasser in der Thermosflasche ohnehin unerlässlich. Später braucht man es zum Breiglaserl wärmen oder zur Zubereitung des Breis. Zusätzlich eine Flasche mit (abgekochtem) kalten Wasser, zum Kühlen des heißen Wassers, zum Hände und evtl. Po abwischen und zum Löschen des eigenen Durstes.

So ab einem halben Jahr bis ins Vorschulalter sind (Baby-) Kekse für zwischendurch immer nützlich. Ab diesem Alter kann man auch die fertige Mittagsmahlzeit im Glaserl gut mitnehmen und mit Wasser aus der Thermoskanne wärmen. Oder ein Kühlsackerl aus dem Supermarkt zerschneiden und zum Warmhalten das aufgewärmte Glaserl darin einwickeln – bis Mittag bleibt das Essen angenehm warm.

Wander- und Hüttenurlaub
Trekking für ALLE
in Bayern, Österreich und Südtirol

Von Hütte zu Hütte – mit der ganzen Familie auf traumhaften Wegen

Birgit Eder

Eine Fundgrube an herrlichen Routen! Die Strecken sind nach Etappen mit wenigen Höhenmetern und geringen Gehzeiten eingeteilt. Diese können jedoch nach Laune und Kondition zusammengefasst werden.

ISBN: 978-3-902939-05-0

Mit Top-Zielen wie den Dolomiten aber auch einsamen Routen. Für die ganze Familie, von den Kindern bis zu den Großeltern. Über die Hälfte der Wege sind knieschonend. Auch perfekt für Jugendliche geeignet, die erste Touren alleine gehen möchten.

Auch für größere Kinder immer ausreichend zu trinken mitnehmen. Reines Wasser ist die beste Flüssigkeit, die das Kind zu sich nehmen kann und auf einer Wanderung hast du auch eine bessere Chance, dass es dein Kind trinkt. Bitte bedenke auch, dass dein Kind an der frischen Luft einen viel größeren Appetit hat als zu Hause. Viele Kinder können sich im Kleinkindalter nicht artikulieren, wenn sie Hunger oder Durst haben. Darum bei raunziger Stimmung auch immer an diese Grundbedürfnisse denken.

2. Bekleidung
- Wechselkleidung
  ... und zwar für jedes Kleidungsstück samt Body oder Unterwäsche und Socken! Für Kinder jeder Altersstufe.
- Regenschutz
  für die Kleinen einen Kinderwagenschutz und für die Größeren Regenbekleidung.
- Hauben (im Sommer auch in Höhenlagen)
  ... und/oder Sonnenkappen mit Schild der Jahreszeit entsprechend.
- Babydecke oder warmen Fußsack (Daune oder Fell)
  ... je nach Jahreszeit. Bedenke immer, dass sich dein Baby im Gegensatz zu dir nicht bewegt. Sehr gefährlich sind daher die Rückentragen in der kalten Jahreszeit und gefrorene Zehen schmerzen ein Leben lang!
- 1–2 Stoffwindeln
  ... als Kopfunterlage, Spucktuch, Schattenspender, „Händeabwischer" etc. verwendbar.
- Warme Jacke
  ... für den Fall einer Wetteränderung und auf alle Fälle für die höhergelegenen Wanderungen. 1000 Höhenmeter sind nicht zu unterschätzen!
- Gutes Schuhwerk mit Profil
  ... sofern Sprössling schon eigenständig gehen kann.
- Trage bzw. Tragetuch

Notizen, Stempel, …

ISBN: 978-3-902939-12-8

3. Pflege/Schutz (je nach Jahreszeit)
- <u>2–3 Windeln und Feuchttücher</u>
  … diese gehören ordnungsgemäß entsorgt! Evtl. Plastiksackerl mitnehmen.
- <u>Sonnenschutz</u>
  Sonnenschirm sowie -creme oder Wind- und Wettercreme
- <u>Mückennetz</u> für Kinderwagen
  Achtung! Hitzestau beachten. Dein Kind sollte auf keinen Fall schwitzen.
- <u>Verbandszeug</u>
  … für die größeren Kinder und für dich selber.
- <u>Evtl. Schnuller</u> und Schlafbär oder – tuch etc.
- <u>Sicherungsstrickerl</u>
  Einige Worte zur Sicherung siehe im Einleitungstext.

4. Sonstiges
- <u>Wärmeflasche</u>
  In der kalten Jahreszeit ist eine Wärmeflasche, die man mit dem mitgebrachten Wasser aus der Thermosflasche füllt, optimal. (Kalte Füße erschweren das Einschlafen – jedoch Vorsicht: bei zu heißem Wasser Verbrennungsgefahr.)
- <u>Taschenmesser</u>
  … zum Apfel schälen, Pflaster abschneiden, Rindenschifferl schnitzen, Breipackerl aufschneiden etc.
- <u>Decke</u>
  … (evtl. beschichtet) für den Rastplatz und gegen die Kälte.

Der passende Kinderwagen

Obwohl wir bereits viele Kinderwagen getestet haben, mussten wir feststellen: DEN passenden für jede Lebenslage gibt es nicht. Am besten ist es danach auszuwählen, in welchem „Gelände" man sich hauptsächlich bewegen wird. In der Stadt, mit Bussen und in Einkaufszentren und Parks oder eher in der „wilden" Natur?
Auf alle Fälle könnt ihr auch mit „Stadtkinderwagen" wunderbare Wanderungen machen. Dafür müsst ihr nicht extra einen Sportwagen kaufen. Alle unsere als „leicht" (grün) gekennzeichneten Touren sind mit einem „Stadtkinderwagen" gut begehbar.

Hier ein paar Hinweise zum Kinderwagenkauf:
Achte darauf, dass:
- der Griff höhenverstellbar ist (bei Steigungen praktisch),
- er zusammengelegt im Kofferraum nicht zu viel Platz einnimmt,
- er nicht zu schwer ist,
- er nicht zu breit ist (anderenfalls kannst du mit keinem öffentlichen Verkehrsmittel mitfahren),
- er umstellbar ist – Kopfteil zur bzw. gegen die Fahrrichtung,
- er über einen relativ großen Stauraum verfügt und falls aus Stoff, dieser nicht zu weit nach unten durchhängt („gatschige" Wege),
- die Federung weich ist.

Platz für persönliche Checkliste/Ergänzungen:

- Patschen im Winter (für's Wirtshaus)

- „Gatschhose"

-

-

Alphabetisches Register

Abersee, S. 25
Almenrundweg, S. 102
Almsee, S. 82
Almtal, S. 61ff.
Altausseersee, S. 159
Aschinger, S. 31

Bad Ischl, S. 116ff.
Baumschlagerreith, S. 88
Blaa Alm, S. 163
Bosruckhütte, S. 109

Dr. Vogelgesang-Klamm, S. 109

Esplanade, Bad Ischl, S. 119
Esplanade, Gmunden, S. 64

FiveFingers, S. 144
Flößerweg, S. 77
Flötzersteig, S. 88
Födinger Alm, S. 50
Freudenthal, Gläserne Tal, S. 40

Gablonzerhütte, S. 141
Gjaid-Alm, S. 147
Gläserne Tal, S. 40
Gleinkersee, S. 95
Gleißnerweg, S. 47
Goiserer Sagenweg, S. 129
Gosausee, S. 138
Grünau, S. 77
Grünbergbahn, S. 68

Halleralm, S. 132
Hallstätter Ostuferweg, S. 135
Heilbronnerweg, S. 144
Helenenweg, S. 33

Hengstpass, S. 102
Hinterstoder, S. 91
Hochberghaus, S. 80
Hochserner, S. 35
Hochsteinalm, S. 70
Hongar, S. 66
Hütteneck, S. 132

Illinger Alm, S. 22
Irrsee – Hochserner, S. 35

Jainzenberg, S. 124
Jausenstation Aschinger, S. 31

Kalvarienberg, S. 116
Karlhütte, S. 102
Karstlehrpfad / Heilbronner Kreuz, S. 144
Kasbergalm, S. 81
Keltenbaumweg, S. 43
Kienklause, S. 52
Kienesberg/Födinger Alm, S. 50
Kirchenweg, S. 55
Koppental, S. 152
Koppenwinkelweg, S. 149
Krippenstein, S. 144

Langbathseen, S. 72
Laudachsee, S. 67
Laussabauernalm, S. 102
Lebensroas, S. 37
Legende, S. 19
Linzer Haus, S. 114
Nixenfall, S. 58

Obertraun, Koppenwinkel, S. 149
Oberwenger Barfußweg, S. 107
Ochsenwaldalm, S. 109

Schau doch mal auf unsere Homepage unter Wandasurium!

Dort findest du jede Menge
- Tipps
- Packlisten
- Sicherheit
- Ausrüstung
- Wandertricks
- und unseren Wandapass

- uvm.

Unser Verlag auf Social Media:
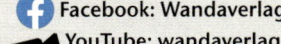 Instagram: wandaverlagtoptouren
Facebook: Wandaverlag
YouTube: wandaverlag

Weitere Tipps und herrliche Wanderungen warten auf euch!

Ödensee, Steir., S. 170
Ödseen, S. 84
Offensee, S. 75
Ostuferweg, Almsee, S. 82
Ostuferweg, Hallstatt, S. 135

Pießling-Ursprung, S. 96
Pflindsberg, S. 156
Polsterstüberl, S. 91
Puglalm, S. 102
Pyhrn-Priel, S. 87ff.

Rathlucka-Hütte, S. 130
Rettenbachalm, S. 126, 163
Ruine Pflindsberg, S. 156

Sagenweg, Goiserer, S. 129
Schafferteich, S. 64
Schiederweiher, S. 91
Schloss Orth, S. 64
Schüttbauernalm, S. 105
Schwarzensee, S. 29
Seefeld-Kienklause, S. 52

Sepp-Huber-Hütte, S. 80

Singerskogel, S. 108
Sisi-Park, S. 119
Stefansbergalm, S. 107
Steinbach-Kirchenweg, S. 54
Steirischer Ödensee, S. 170
Steyr-Ursprung, S. 88

Tauplitz, S. 172
Teichlboden, S. 112
Toplitzsee, S. 166
Toscana Park, S. 64

Unterach, Viktor-Kaplan-Weg, S. 58

Veichtltal, S. 101
Viktor-Kaplan-Weg, S. 58
Villa Sonnwend, S. 100
Vorderstoder, S. 94

Weißenbach-Nixenfall, S. 56
Weyregger Wasser Roas, S. 47
Wurzeralm, S. 112

Zinkenbach, S. 25
Zwieselalm, S. 141

Fotospenden

Rammer Barbara, Wurzeralm S. 87, S. 112

Notizen, Stempel, ...

Bücher, die Zeit zum Genießen schenken!

München

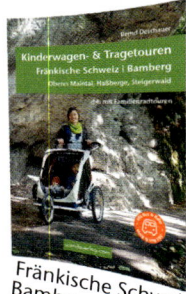

Fränkische Schweiz / Bamberg

Hamburg

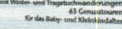

Westallgäu

Westlicher Bodensee

Vorarlberg

wandaverlag

Wien

Oberösterreich

Salzburg

Unsere Kinderwagen- & Tragebuch-Reihe im Überblick

Salzkammergut Almtal

Tirol

Tiroler Unterland

TRAGE- & KRAXENTOUREN
Münchener Süden

Wien

Vorarlberg

Tirol

Unsere Reihe Abenteuer Natur

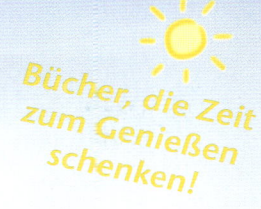

Bücher, die Zeit zum Genießen schenken!

Salzburg

Oberösterreich

Salzkammergut

www.wandaverlag.at

Notizen, Stempel, …

Notizen, Stempel, ...

wandaverlag

...verschafft Zeit zum Genießen

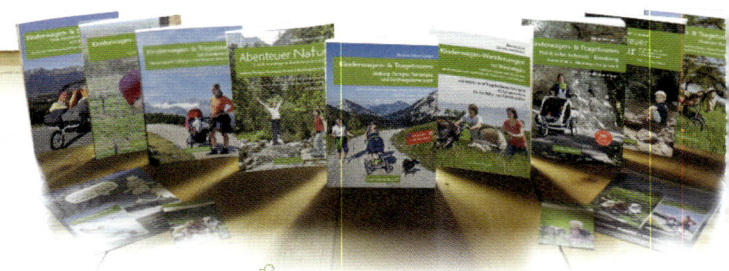

Der wandaverlag ist ein kleiner, unabhängiger Verlag am Fuße des Untersbergs. Jeder Wanderführer entsteht durch großes persönliches Engagement und viel Leidenschaft für ein perfektes Buch.

Was uns am Herzen liegt:
- Durch unsere akribischen Recherchen, genauen und trotzdem nicht zu langatmigen Angaben, durch unser übersichtliches Layout und die vielen kleinen Einzelheiten möchten wir Zeit zum Genießen verschaffen – unserer Leserschaft zuliebe.
- Wir unterstützen mit unseren Büchern die Initiativen Fair Trade und Clean Clothes – der Fairness zuliebe.
- Wir legen Wert auf umweltschonenden Druck – der Natur zuliebe.
- Durch die Angabe von öffentlichen Verkehrsverbindungen möchten wir ein umweltfreundliches Anreisen fördern – der Umwelt zuliebe.

Vielen Dank für euer Vertrauen! Wir freuen uns über jede Rückmeldung zu unseren Büchern und Wanderwegen.

Elisabeth Göllner-Kampel
(Verlegerin & Wanderbuchautorin)